刘 珣 崔永华 总主编

国际汉语教师标准丛书

A Series on Standards for Teachers of Chinese to Speakers of Other Languages

汉语语法课堂活动

Chinese Grammar Activities for the Classroom

王燕飞 伍英姿
王 莉 王 猛 编著

北京语言大学出版社
BEIJING LANGUAGE AND CULTURE
UNIVERSITY PRESS

© 2020 北京语言大学出版社,社图号 20087

图书在版编目(CIP)数据

汉语语法课堂活动 / 王燕飞等编著. -- 北京:北京语言大学出版社,2020.8
(国际汉语教师标准丛书 / 刘珣、崔永华总主编)
ISBN 978-7-5619-5694-6

Ⅰ. ①汉… Ⅱ. ①王… Ⅲ. ①汉语-语法-对外汉语教学-课堂教学-教学研究 Ⅳ. ① H195.3

中国版本图书馆 CIP 数据核字 (2020) 第 127933 号

汉语语法课堂活动
HANYU YUFA KETANG HUODONG

责任编辑:	郭　冰
责任印制:	周　燚

出版发行:	北京语言大学出版社
社　　址:	北京市海淀区学院路 15 号,100083
网　　址:	www.blcup.com
电子信箱:	service@blcup.com
电　　话:	编辑部　8610-82303647/3592/3724
	国内发行　8610-82303650/3591/3648
	海外发行　8610-82303365/3080/3668
	北语书店　8610-82303653
	网购咨询　8610-82303908
印　　刷:	北京中科印刷有限公司

版　次:	2020 年 8 月第 1 版	印　次:	2020 年 8 月第 1 次印刷
开　本:	710 毫米 × 1000 毫米　1/16	印　张:	17.5
字　数:	217 千字		
定　价:	68.00 元		

PRINTED IN CHINA

前言

一、编写目的

语法在语言教学中是重点，也是难点。语法教学要让学生明白它的意义、用法，还要让学生掌握它的结构、形式，更重要的是掌握它的使用语境。换句话说，学生在输入时要"懂"，输出时要"对"。

输入时的"懂"不能仅靠课堂上教师的讲解，还需要在语境中继续深入。输出时的"对"包括两个方面：一是结构、形式要准确无误；二是使用的语境要恰当。要输出无误，仅仅对结构和使用条件有理性的认识是难以实现的，必须做大量的操练。

语法的学习，除了"懂"和"对"，还有一个更高的目标——"流利"。"懂""对""流利"这三个学习目标层层递进，实现的条件都是"应用"。我们提倡在学生"自由应用"前，要进行"有控制的应用"，以确保输出时的准确性，并起到固化正确句型的作用。"有控制的应用"需要通过三个步骤来实现：一是讲解意义和用法，展示语法结构；二是在情境中进行问答形式的操练；三是在引导和监督下应用。

本书所提供的语法课堂活动都是模拟真实的交际情境而设计的活动，不仅可以为语法学习提供大量的操练机会，还可以让学生在使用目标语法进行交际的时候，自然地体会到目标语法的使用条件。

《国际汉语教师证书考试大纲解析》在语法教学这一部分要求国际汉语教师掌握三个方面的技巧——语法点导入、语法点讲解、语法点操练，其中语法点操练包括三种类型——机械练习、有意义的练习和交际活动，明确把"交际活动"作为操练的一个重要教学环节提出来。

因此我们编写了这本突出交际性的汉语语法课堂活动用书，让学生"在做中学"，在真实语境中通过交际来学语法。希望本书可以为参加《国际汉语教师证书》考试的考生、国家外派汉语教师和志愿者，以及广大同行提供课堂活动设计的参考。

二、核心内容

交际性课堂活动是本书的核心内容。活动设计以语法使用条件为线索,模拟真实的交际情境,使学生在交际中深入地理解语法的使用条件,进一步巩固语法的结构形式,从而达到准确、得体、流利地进行交际的目的,减少由于使用条件不明造成的偏误。

本书设计了将近120个交际性的课堂活动,涉及汉语初级阶段的大部分语法项目。设计的活动类型丰富,贴近真实的语境,紧扣"懂""对""流利"三个目标,适用于大部分汉语教材语法部分的讲练。

三、编排体例和使用说明

本书从常用的教学语法点出发,每个语法点包括两部分:第一部分是语法描述,第二部分是语法活动。

(一)语法描述

语法描述主要包括两个方面:

1. 语法释义

对活动中涉及的语法点的意义和用法进行简单阐述。

2. 交际表达式

为了方便教师在课堂教学中展示语法结构,本书参考《国际汉语教学通用课程大纲》为每个语法点总结了活动中会用到的交际表达式,并辅以例句,教师可直接将其板书出来。

(二)语法活动

语法活动包括六个方面:

1. 活动名称:每个活动都有编号和名称,既方便检索,又方便教师布置任务时进行说明。

2. 活动目标:对活动的目的、内容、形式等进行简要说明,方便教师对活动有整体的把握。

3. 活动时间:对活动时间做一个大概的规定,仅供参考,教师可根据自己的教学安排适当调整。

4.活动准备：此步骤非常重要，是活动顺利进行的前提。

（1）资源准备：对活动所需要的图片、视频、实物、表格等辅助资源进行说明。对于在网上容易找到的图片、视频等资源，只给予文字说明；对于需要设计的配套资源（调查表、申请表等），我们会提供样例，教师可扫描书后二维码获取资源直接打印使用。

（2）语言准备：我们提供了典型的问答操练实例，教师可以直接使用。设计的问答语境与后面的活动相似，启发学生使用目标表达式，为后面的活动做铺垫。

5.活动步骤：分步展示活动的具体过程，教师可以按步操作，也可以根据实际情况和使用的教材做改编，建议教师在活动中使用我们提供的配套资源。

6.活动建议：一个活动可能有其他的组织形式，可能还适用于其他主题，可能也适用于其他的语法点，我们会在这一部分做简单说明。

在编写过程中，本书历经多次修改，每次都会发现问题，同时也会产生新点子，可以说，活动的创新和提高是永无止境的。因此，本书虽然出版在即，我们四位编者仍然觉得不够完美。我们愿意抛砖引玉，希望借助本书激发同道中人共同开发汉语语法课堂活动的热情。敬请各位同行批评指正，欢迎与我们交流探讨，期待拙著出版后，有更多精彩的语法课堂活动出现。我们的联系方式：476874675@qq.com。

本书是国家语委"十三五"科研规划2019年度重大项目"一带一路"建设中语言服务的现状、评价及对策研究（ZDA135-11），以及广东省普通高校哲学社会科学重点实验室项目"汉语学习与国际推广"（2015WSYS009）的阶段性成果。

编　者

目 录

第一章 名 词

方位词 ———————————————— 1
　001 游戏：手机在哪里
　002 游戏：排座次

时间词语（时点）————————————— 5
　003 调查：你是哪年出生的
　004 调查：你是什么星座
　005 调查：今年的传统节日

第二章 代 词

人称代词 ———————————————— 11
　006 猜谜：不是"你"是"他"

指示代词 ———————————————— 14
　007 采访：你的国家在哪里

疑问代词（怎么——问原因）————————— 17
　008 对抗赛：初来乍到新鲜事

疑问代词（怎么——问方式）————————— 20
　009 问答：周末一日游

疑问代词（怎么样/怎样——问性状、征求意见）— 22
　010 调查：班级集体旅行
　011 讨论：送什么礼物好

疑问代词（几、多少）——————————— 27
　012 调查：班级通讯录
　013 问答：购物达人

1

疑问代词（所有疑问代词）—— **31**
   014 调查：婚礼
   015 对抗赛：看大片

疑问代词（表任指）—— **35**
   016 讨论：截然相反的人

第三章　动　词

能愿动词（能、可以——表具备某种主观能力、
　　　　　　客观条件）—— **38**
   017 调查：微信和支付宝的功能差异
   018 接龙游戏：物尽其用
   019 辩论：人生大计
   020 调查：你能吃多少

能愿动词（能、可以——表许可）—— **46**
   021 讨论：文明公约
   022 讨论：垃圾分类

能愿动词（应该、应当、应、该）—— **51**
   023 讨论：父母与子女的义务
   024 讨论：好老板和好员工

能愿动词（得 děi）—— **55**
   025 辩论：男人的负担重，还是女人的负担重
   026 调查：辛苦的工作
   027 讨论：人到中年

能愿动词（会——表技能）—— **60**
   028 角色扮演：社团招新
   029 问答：学本领

能愿动词（想、要——表意愿） —— 64
　030 调查：必修课和选修课
　031 采访：各奔前程

动词重叠 —— 69
　032 讨论：大卫的女朋友生气了
　033 讨论：一堆麻烦事
　034 对歌：《幸福拍手歌》
　035 讨论：策划班级活动

第四章　形容词

形容词做谓语 —— 76
　036 讨论：推荐饭馆和特色菜
　037 讨论：食品大采购

形容词做状语 —— 80
　038 抢答赛：健康的生活方式

形容词重叠 —— 82
　039 采访：你最喜爱的女演员
　040 讨论：大扫除

第五章　数词和量词

概数 —— 86
　041 对抗赛：春季里开花
　042 调查：航班时刻信息

名量词 —— 91
　043 角色扮演：行李清单

名量词重叠 —— 93
　044 讨论：盛大的节日

动量词 —— 96
　045 讨论：学期活动计划

第六章　副词

时间副词（"就"和"才"） —— 98
　046 调查：各国大学作息时间
　047 讨论：旅行交通工具大比拼

频率副词 —— 103
　048 调查：健身达人

范围副词（都） —— 105
　049 调查：放假归来

有点儿、一点儿 —— 108
　050 角色扮演：租房
　051 调查：我给市长提建议

第七章　介词

介词（表处所、方向） —— 113
　052 角色扮演：问路

介词（除了） —— 115
　053 调查：个人喜好
　054 调查：旅游经历

第八章　助词

结构助词"的"（"的"字短语） —— 120
　055 讨论：网购衬衫
　056 调查：手机参数调查

动态助词"着"（表持续） —— 124
　057 角色扮演：寻人启事
　058 讨论：客厅样板间
　059 讨论：毕业前夕

语气助词"了"（表变化） —— 130
　060 抢答游戏：今昔对比
　061 调查：季节变化

动态助词"了" —— 134
　062 调查：你是月光族吗
　063 调查：旅途中
　064 游戏：囊中探物
　065 调查：最耐用的手机
　066 调查：最火的电子游戏

动态助词（过） —— 144
　067 调查：名人传

第九章　补　语

结果补语 —— 147
　068 角色扮演：长途旅行前
　069 角色扮演：失窃现场

可能补语 —— 151
　070 讨论：人老了
　071 新闻采访：台风天

情态补语 —— 155
　072 讨论：情感世界
　073 讨论：行行出状元

程度补语 —— 159
　074 讨论：城市印象

趋向补语 —— 161
　075 抢答赛：闯关勇士
　076 角色扮演：学唱京剧

第十章　特殊句式

主谓谓语句 ———————————————— 166
　077 角色扮演：看急诊

存现句 ———————————————————— 168
　078 游戏：拼地图
　079 游戏：水里有什么
　080 调查：旅游宣传广告
　081 调查：参观名人故居
　082 角色扮演：花车巡游

"把"字句 ———————————————— 177
　083 游戏：传递物品
　084 角色扮演：搬家
　085 角色扮演：钟点工

"被"字句 ———————————————— 182
　086 角色扮演：繁忙的警察
　087 新闻播报：大灾难

连动句 ———————————————————— 186
　088 讨论：电子地图显神通

兼语句 ———————————————————— 188
　089 讨论：生日派对

"是……的"句 —————————————— 191
　090 调查：看电影
　091 游戏：拍卖

"连……也/都……"句 —————————— 195
　092 讨论：今非昔比
　093 讨论：病愈前后

"一……也/都……"句 —————————— 199
　094 讨论：严格的要求

比较句 ———————————————— 201
　095 讨论：旅游路线
　096 讨论：网络购物

感叹句 ———————————————— 206
　097 讨论：谁不说我家乡好

祈使句 ———————————————— 209
　098 角色扮演：请遵医嘱
　099 角色扮演：机场送别

第十一章　复　句

并列复句 —————————————— 214
　100 采访：你幸福吗
　101 调查：一心二用
　102 接龙：不是我，而是风

承接复句 —————————————— 220
　103 演示说明：教做拿手菜
　104 角色扮演：新生入学报到

递进复句 —————————————— 224
　105 调查：大家的才艺

选择复句 — 227
  106 角色扮演：点菜
  107 角色扮演：看电影

因果复句 — 232
  108 抢答赛：什么因，什么果
  109 讨论：人生不如意者十之八九

转折复句 — 236
  110 讨论：矛盾的人生

条件复句 — 238
  111 抢答赛：小感冒和重感冒
  112 调查：入睡难易
  113 角色扮演：延迟满足
  114 讨论：坚守岗位

假设复句 — 246
  115 抢答赛：如果真爱

目的复句 — 248
  116 抢答赛：幸福人生

让步复句 — 250
  117 讨论：爱与不爱

附 录

语法、活动、资源表 — 252

第一章 名词

方位词

语法释义

　　方位词是名词的一种，表示方向或者相对位置，例如：东（边）、南（边）、西（边）、北（边）、左（边）、右（边）、上（边）、下（边）、前（边）、后（边）、里（边）、外（边）、旁（边）等。方位词用于名词后，名词与方位词所构成的词组，可以用在句首做主语，或者用作动词宾语及介词宾语。

交际表达式（板书）

主语 + 在 + 方位词组

例句：

我的书在桌子上。

玛丽在大卫左边。

活动设计

001 游戏：手机在哪里

活动目标

　　教师把手机藏起来请学生猜手机在哪里，学生通过这个游戏熟练掌握表达式"主语 + 在 + 方位词组"，学习其表示物品位置的用法。

汉语语法课堂活动

❀ 活动时间

5分钟左右

❀ 活动准备

1. 资源准备

准备一个手机，注意一定不要调成静音模式。

2. 语言准备

教师在带领学生操练时，一边随手把某物品放置在教室里不同的地方，一边询问学生该物品所在的位置，练习表达式"主语 + 在 + 方位词组"。例如：

教　师：书在哪儿？

学生$_1$：书在桌子上。

学生$_2$：书在地上。

学生$_3$：书在书包里。

……

❀ 活动步骤

1. 教师课前将手机藏在教室某个地方，藏的地方要出其不意，不容易被猜到。
2. 教师假装找不到手机，请大家帮忙想想手机可能在哪里。
3. 等大家猜了很多地方，仍然猜不到的时候，请一个学生打一下老师的手机。
4. 请大家用目标表达式一起说出手机在哪里。

002 游戏:排座次

❀ 活动目标

学生根据同伴的描述安排座次,通过这个游戏熟练掌握表达式"主语+在+方位词组",学习其表示人的位置的用法。

❀ 活动时间

10分钟左右

❀ 活动准备

1. 资源准备

为班里每一个学生做一个名字卡,准备好磁钉或者双面胶。

2. 语言准备

教师利用班级学生上课的座次,带领学生练习表达式"主语+在+方位词组"。例如:

教　师:惠子在哪儿?

学生$_1$:惠子在恩信左边。

教　师:丽佳在哪儿?

学生$_2$:丽佳在惠子后边。

……

❀ 活动步骤

1. 教师选出两个学生来到教室前边,请其中一个学生对班里学生现有的座次用目标表达式进行描述;另一个学生面向黑板,根据同伴的描述,用事先准备好的名字卡在黑板上摆出座次。

2. 摆完后，请大家检查黑板上的座次是否正确，如有错误，大家一起用目标表达式说出正确的座次。
3. 请坐在下面的学生迅速变换座次，再请下一组学生按照新的座次开始游戏。

❀ 活动建议

这个活动也可以练习存现句，例如：

问：丽佳的前边是谁？

答：丽佳的前边是惠子。

第一章 名 词

时间词语（时点）

语法释义

表示时间的名词或名词短语叫时间词语。时间词语有两种：一种是时点，表示时间的位置，例如"2001年、十月、五号、星期三、十点"；一种是时段，表示多长时间，例如"一年、两个月、三个星期、四天、五个小时"。在下面的活动中，主要练习时点，时点可以做主语、状语、定语和宾语。

交际表达式（板书）

1. 时间词/名词（短语）(+是)+时间词

例句：

今天（是）十月三号。

十月三号（是）星期四。

我的生日是十一月五号。

2. 时间词+是+名词（短语）

例句：

十一月五号是我的生日。

十一月三十号是射手座。

3. 主语+是+时间词+动词（短语）+的

例句：

我是1998年出生的。

我是2002年出生的。

活动设计

003 调查:你是哪年出生的

❀ 活动目标

学生通过调查其他学生的出生年份和对应的生肖,熟练掌握年份的表达方式和表达式"主语 + 是 + 时间词 + 动词(短语)+ 的",并了解中国的生肖文化。

❀ 活动时间

15分钟左右

❀ 活动准备

1. 资源准备

(1) 准备十二生肖的彩色图片。

(2) 准备一张年份与生肖的对照表。

(3) 设计一张调查表,用于填写学生的出生年份和生肖。调查表可参见资源1。

2. 语言准备

(1) 教给学生年份的正确表达式以及中国十二生肖的正确说法。

(2) 询问几个学生的出生年份,并带领大家根据年份与生肖的对照表查出学生的生肖。例如:

教 师:你是哪一年出生的?

学生$_1$:我是_____年出生的。

教 师:我们一起看,他/她属什么?

学 生:他/她属_____。

活动步骤

1. 教师给每个学生发一张事先准备好的调查表,要求学生在规定时间内调查出班里若干学生的出生年份,并根据教师提供的年份与生肖的对照表,查出相应的生肖,填写到调查表中。
2. 调查表填写完成后,每个学生向全班汇报自己的调查结果。

004 调查:你是什么星座

活动目标

学生通过调查其他学生的生日和对应的星座,熟练掌握月和日的表达方式,并学习用中文表达星座。

活动时间

20 分钟左右

活动准备

1. 资源准备

(1) 设计一张调查表,用于填写学生的生日和星座。调查表可参见资源2。

(2) 下载十二星座的彩色图片,标注每个星座的汉语名称和拼音。

(3) 下载或制作一张日期与十二星座的对照表。

2. 语言准备

教师以几个学生的生日为例进行问答练习,练习表达式"时间词/名词(短语)(+是)+时间词"和"时间词+是+名词(短语)"。例如:

教　师:你的生日是哪一天?

学生$_1$:我的生日是一月五号。

教　师：一月五号是谁的生日？

学　生：一月五号是玛丽的生日。

教　师：一月五号是什么星座？

学　生：一月五号是摩羯座。

教　师：（带领全体学生）

　　　　玛丽的生日是一月五号。

　　　　一月五号是玛丽的生日。

　　　　一月五号是摩羯座。

……

活动步骤

1. 教师给每个学生发一张事先准备好的调查表，要求每个学生按照语言准备阶段的问答方式，调查班里若干学生的生日及星座并记录在调查表中。
2. 调查完后，请几个学生使用句式"_____的生日是_____月_____日""_____月_____日是_____的生日"以及"_____月_____日是_____星座"汇报他们的调查结果。
3. 学生汇报时，请其他学生一边听一边在自己的调查表中把全班学生的生日补充完整，教师挑出一张书写工整的生日调查表，贴在教室的某个位置，并圈出本学期过生日的学生，到时候大家一起给他们庆祝生日。

005 调查：今年的传统节日

活动目标

学生通过调查当年中国的传统节日对应的公历日期和星期，熟练掌握表达式"时间词/名词（短语)(+是)+时间词"，并了解当年一些重要节日的日期。

❁ 活动时间

15 分钟左右

❁ 活动准备

1. 资源准备

（1）设计一张时间表格，例如：

大前天	前天	昨天	今天	明天	后天	大后天
__月__日	__月__日	__月__日	__月__日	__月__日	__月__日	__月__日
星期____	星期____	星期____	星期____	星期____	星期____	星期____

（2）设计一张调查表，用于填写中国传统节日当年对应的公历日期，为节日名称标注拼音和英文。调查表可参见资源 3。

2. 语言准备

教师先以"今天"为例，然后再以某个传统节日为例，带领学生练习表达式"时间词/名词（短语)(+是)+时间词"。例如：

教　师：今天是几月几号？

学　生：今天是五月十六号。

教　师：今天是星期几？

学　生：今天是星期二。

教　师：五月十六号是星期几？

学　生：五月十六号是星期二。

教　师：今天是五月十六号，星期二。

学　生：今天是五月十六号，星期二。

汉语语法课堂活动

……（教师也可以带领学生将大前天、前天、昨天、明天、后天、大后天的日期全部说完）

教　师：请大家用手机查一查，今年的端午节是哪一天？

学　生：端午节是六月七号。

教　师：六月七号是星期几？

学　生：六月七号是星期五。

教　师：端午节是六月七号，星期五。

学　生：端午节是六月七号，星期五。

……

❀ 活动步骤

1. 教师将学生分组，两人一组，给每组发一张事先准备好的调查表。
2. 小组两人互相问答，一个人问一个传统节日所对应的公历日期和星期，另一个人在手机上查找并回答，然后换另外一个人问下一个传统节日。回答的人负责填写调查表。
3. 各组调查表填写完毕后，教师根据调查表内容，按照语言准备阶段的问答练习方式提问全班学生，请大家集体回答。

❀ 活动建议

如果教学时间紧张，也可以仅选择资源准备（1）中的表格，将其设计成问答活动，由学生分组问答并填写表格。

第二章 代词

人称代词

语法释义

人称代词是用于指代人的词。"我"指代说话人,"我们"是其复数;"你"指代听话人,"你们"是其复数,"您"是"你"的尊称;"他""她"是指谈话双方以外的人,"他们""她们"分别是其复数形式。"他们"指代的人群可以全部是男性,也可以既有男性又有女性。人称代词可以做主语、宾语和定语。

交际表达式(板书)

1. **代词 + 是 / 不是 + 名词**
   例句:
   她是玛丽。
   他不是大卫。

2. **主语 + 是 / 不是 + 代词**
   例句:
   这是她。
   大卫不是他。

活动设计

006 猜谜：不是"你"是"他"

❈ 活动目标

学生猜测名字卡片上的学生是谁，通过这个猜谜活动熟练掌握表达式"主语＋是/不是＋代词"，并增进互相之间的了解。

❈ 活动时间

15 分钟左右

❈ 活动准备

1. 资源准备

将教师本人和全班学生的名字分别写在纸牌形式的卡片上，并标注拼音。

2. 语言准备

教师从事先准备好的名字卡片里抽取一张卡片，带领大家练习人称代词。例如：

教　师：这是你吗？

学生$_1$：不是，这不是我。

教　师：这是他/她吗？

学生$_1$：这不是他/她，这是他/她。

(如果学生不知道名字卡片上的人是谁，可以向全体学生提问）

学生$_2$：琬妮是谁？

学生$_3$：琬妮是她。

琬　妮：琬妮是我。

……

活动步骤

1. 教师请一个学生到台上来,从事先准备好的名字卡片中抽取一张卡片,把有名字的一面面对台下的学生,台上的学生不能看卡片上的名字。

2. 请台上的学生按照语言准备阶段的问答方式,猜出卡片上的人是谁,一张名字卡片最多猜四次,必须使用人称代词"我、你、他 / 她"。

3. 猜中就可以留在台上继续猜,如果没有猜中,可以向大家求助,等大家回答后,该生下台,换另一个学生继续猜。方法步骤同上。

4. 教师按照学生的座位选取两张名字卡片,然后请学生用"我们、你们、他们 / 她们"来猜,最多猜四次,猜中的学生留在台上继续猜,猜不中的可以向大家求助,等大家回答后,该生下台,换下一个学生上来猜。

汉语语法课堂活动

指示代词

语法释义

"这""那"是最基本的指示代词,"这"是近指,"那"是远指。其他的指示代词都是由这两个词派生出来的。"这儿/这里"和"那儿/那里"是两组指示处所的词,前者指示较近的处所,后者指示较远的处所。指示处所的代词"这儿/这里""那儿/那里"可以做主语、宾语、定语、状语等。

交际表达式(板书)

1. **国名+在+这儿/这里/那儿/那里**

   例句:

   中国在这儿/这里。

   韩国在那儿/那里。

2. **这儿/这里/那儿/那里+是+国名**

   例句:

   这儿/这里是中国。

   那儿/那里是韩国。

活动设计

007 采访:你的国家在哪里

🌼 **活动目标**

学生采访几个人,询问他们来自哪个国家,并请他们在地图上指出自己国家的位置，通过这个采访活动熟练掌握表达式"国名＋在＋这儿/这里/那儿/那里""这儿/这里/那儿/那里＋是＋国名"，并熟悉本班学生所在国家的中文名称。

🌸 活动时间

20 分钟左右

🌸 活动准备

1. 资源准备

   （1）准备一张世界地图挂图、一个眼罩和一些小磁铁或者图钉。

   （2）用 A4 纸给全班每个学生打印一张世界地图。

2. 语言准备

   教师选出一个学生进行问答练习。例如：

   教　师：你是哪国人？

   学　生：我是也门人。

   教　师：也门在哪儿/哪里？

   学　生：也门在这儿/这里。（指着地图）

   教　师：这儿/这里是也门吗？（指着地图）

   学　生：是，这儿/这里是也门。

🌸 活动步骤

1. 教师给每个学生发一张事先准备好的世界地图。
2. 学生在教室里自由走动，每个人随意采访几个人，询问他们来自哪个国家，请他们在地图上找出自己国家的位置，并用汉语表达出来。采访者在地图上圈出这个国家的位置，给这个国家的名字标上拼音。

3. 采访结束后,教师选出若干个学生到台前来,要求学生指着黑板上的世界地图挂图用表达式"国名+在+这儿/这里/那儿/那里"汇报他们的采访结果,并随之在挂图上用红色白板笔圈出这些国家。
4. 教师带领全班学生用表达式一起说出红色白板笔圈出的国家的位置。
5. 把地图上圈出来的国家用磁铁或者图钉标识。
6. 选一个学生到台前,用眼罩蒙住眼睛,用手摸地图上的磁铁或者图钉,用"这儿/这里/那儿/那里+是+国名"猜测所摸位置是哪个国家,猜对三个就可以回到座位。换下一个学生来猜。

活动建议

1. 这个活动也可以用于"在"字句和"上边、下边、左边、右边、前边、后边"等方位词的教学。例如:韩国在中国的东边。
2. 这个活动也可以分开做,活动步骤1到4用于练习交际表达式1,活动步骤5到6用于练习交际表达式2。

疑问代词（怎么——问原因）

语法释义

疑问代词"怎么"可用来询问原因，"怎么"询问原因时含有奇怪、惊讶、诧异的意思。"为什么"的功能主要是询问原因，有时也包括惊讶的成分，如果单纯想知道原因，没有惊讶、诧异的成分，只能用"为什么"。

交际表达式（板书）

1. **主语 + 怎么 + 动词（短语）**

   例句：

   你怎么坐在地上？

   你怎么不去上学？

2. **主语 + 怎么 + 这么 / 那么 + 形容词**

   例句：

   今天他怎么这么安静？

   教室怎么那么乱？

活动设计

008 对抗赛：初来乍到新鲜事

活动目标

学生描述刚来中国时看到的令其惊讶、不解的现象，通过这个对抗赛学会用指示代词"怎么"询问原因，体会目标表达式所表达的惊讶、诧异、不解的意思。

汉语语法课堂活动

❀ 活动时间

10分钟左右

❀ 活动准备

1. 资源准备

下载一张人群拥挤的图片，例如：上下班高峰时刻的地铁站或者春运高峰期的火车站。

2. 语言准备

活动前教师带领学生观察准备的图片，进行问答练习。例如：

教　师：地铁站人多不多？

学　生：非常多。

教　师：用"怎么这么"说句子。

学　生：地铁站怎么这么多人？

教　师：他们等的时间长不长？地铁来了吗？

学　生：很长。没来。

教　师：用"怎么还没"说句子。

学　生：地铁怎么还没来？

教　师：坐地铁的人都排队吗？

学　生：有的人没有。

教　师：用"怎么不"说句子。

学　生：有的人怎么不排队？

教　师：关门的时候还有人上地铁，这样好不好？

学　生：不好。

教　师：用"怎么"说句子。

学　生：她怎么能关门的时候上地铁？

……

🏵 活动步骤

1. 教师把学生分成 A、B 两组。

2. 采用抢答形式，A、B 两组学生根据事先准备的图片，在规定的时间内，用"怎么"来询问图片中令人惊讶、奇怪、不解的现象，学生说对一个句子，给其所在组加一分，不对不得分。

3. 图片上的信息问完之后，在规定的时间内，请 A、B 两组学生想想刚来中国时看到的令其惊讶、不解的现象，并用"怎么"来表达，计分规则同步骤2。

4. 统计各组得分，分数高者获胜，教师可适当给予一些小奖励。

汉语语法课堂活动

疑问代词（怎么——问方式）

语法释义

疑问代词"怎么"可用来询问动作的方式，例如：路线、交通工具、使用方法等。"怎么"是副词性疑问代词，询问动作的方式时，只能用在谓语中心词前。

交际表达式（板书）

主语＋怎么＋动词（短语）

例句：

去故宫怎么走？

你们怎么去上海？

活动设计

009 问答：周末一日游

❀ 活动目标

学生利用手机导航软件查询并讨论去往某个景点的乘车路线，通过这个问答活动熟练掌握表达式"主语＋怎么＋动词（短语）"，学习其询问动作方式的用法。

❀ 活动时间

20分钟左右

❀ 活动准备

1. 资源准备

（1）准备一张本市的公交线路图。

(2) 若有地铁，准备一张本市的地铁线路图。

(3) 提前请学生在自己手机上安装一个手机地图导航软件。

2. 语言准备

教师带领学生一起查找去某个景点的路线，用问答的形式练习。

例如：

教　师：从我们学校去陈家祠，怎么去？

学生$_1$：可以坐地铁去，也可以坐公共汽车去。

教　师：怎么坐地铁？

学生$_2$：坐地铁3号线，在体育西路站换1号线，在陈家祠站下车。

教　师：下车后怎么走？

……

❀ 活动步骤

1. 教师将学生分组，两人一组。
2. 每个学生先单独从地图上选择一个周末想去的景点，用手机地图导航软件查询去这个景点的乘车路线以及下车后的步行路线，并记录下来。
3. 个人查询并记录完毕之后，小组两人互相询问对方的周末游玩计划以及乘车路线。
4. 两人一起商量，选定一个两人都想去的景点，然后再次确定去这个景点的乘车路线以及下车后的步行路线。
5. 教师选若干组学生到台前来表演对话，介绍他们所选的景点以及去这些景点的乘车路线。
6. 全班学生一起选出一个大家最想去的景点，作为下次班级活动的目的地。

汉语语法课堂活动

疑问代词（怎么样/怎样——问性状、征求意见）

语法释义

"怎么样"和"怎样"的意思和用法基本一样，可以问性状，例如"这条灰色的牛仔裤怎么样/怎样？"，回答常常用"好/不好""漂亮/不漂亮""合适/不合适"等形容词构成的谓语句。"怎么样"和"怎样"也可以用来征求意见或者提出建议，例如"我们坐地铁去，怎么样/怎样？"，回答常常是"行/不行""可以/不可以""好/不好"这样表示许可的词语。

交际表达式（板书）

1. **名词（短语）+ 怎么样/怎样**

   例句：

   这家酒店怎么样/怎样？

   那里的天气怎么样/怎样？

2. **主谓结构（主语可省略）+ 怎么样/怎样**

   例句：

   （我们）坐飞机去怎么样/怎样？

   （你）给她带一条围巾回去怎么样/怎样？

活动设计

010 调查：班级集体旅行

活动目标

学生调查某个旅游胜地的相关情况并商定去这个旅游目的地的各

种安排，通过这个调查活动熟练掌握表达式"名词（短语）+ 怎么样/怎样"和"主谓结构 + 怎么样/怎样"，学习这两种表达式询问性状、征求意见、表达建议的用法。

❂ 活动时间

30 分钟左右

❂ 活动准备

1. 资源准备

设计的调查表有两个表格。表格一用于调查一处旅游胜地的风景、环境、气候、食物、交通、卫生、物价、建筑、居民的生活状态等情况。表格二用于填写班级集体旅行的目的地、旅行的日期、交通工具、酒店、旅行方式（自由行或者参团游）等信息。调查表可参见资源 4。

2. 语言准备

（1）教师询问学生去过的旅游胜地并询问当地的风景、环境、气候、食物、交通、卫生、物价、建筑、居民的生活状态等情况，练习第一种表达式。例如：

教　师：你去什么地方旅游过？

学生$_1$：我去过云南。

教　师：那里的风景怎么样？

学生$_1$：那里的风景很美。

教　师：那里的气候怎样？

学生$_1$：那里的气候不错。

……

（2）教师引导学生用"怎么样"征求意见，提出建议，练习第二种表达式。例如：

教　师：你想建议朋友去云南旅游，请用"怎么样"说句子。

学生₁：我们一起去云南旅游怎么样？

教　师：你想建议朋友坐火车去云南，请用"怎么样"说句子。

学生₂：我们坐火车去怎么样？

……

活动步骤

1. 教师将学生分组，三到四人一组，给每组发一张事先准备好的调查表。
2. 各组学生循环问答（A问B，B问C，C问D，D问A），询问曾经去过的旅游胜地，用目标表达式询问旅游胜地的风景、环境、气候、食物、交通、卫生、物价、建筑、居民的生活状态等情况，回答的人填写表格一。
3. 各组学生集体讨论，为班级策划一次集体旅行，商定旅行目的地、旅行的日期、交通工具、酒店、旅行方式（自由行或者参团游）等，并填写表格二。
4. 请各组选两个学生，用问答的形式汇报他们选择的旅行目的地、旅行的日期、交通工具、酒店、旅行方式（自由行或者参团游）等。
5. 全班一起讨论，选出最有吸引力的景点，确定班级集体旅行的目的地、旅行的日期、交通工具、酒店、旅行方式等。

011 讨论：送什么礼物好

活动目标

围绕"回国为亲友带什么礼物"这个话题，学生们进行讨论，提出建议，通过这个讨论活动熟练掌握表达式"主谓结构＋怎么样/怎样"，学习其征求意见、提出建议的用法。

第二章　代词

❀ 活动时间

15 分钟左右

❀ 活动准备

1. 资源准备

（1）准备几张不同年龄、不同性别的人物图片，注明他们的身份，用于热身练习，例如：爷爷、奶奶、爸爸、妈妈、哥哥、姐姐、弟弟、妹妹等。

（2）设计一张调查表，用于调查送给不同人物的礼物。调查表可参见资源5。

2. 语言准备

教师利用人物图片，带领学生练习表达式"主谓结构＋怎么样/怎样"。例如：

教　师：你回国的时候要给哪些人带礼物？

学生$_1$：爷爷、奶奶、爸爸、妈妈、哥哥、妹妹。

教　师：大家觉得给他爷爷买什么礼物好？

学生$_2$：给他买一盒点心怎么样？

学生$_3$：给他带一条腰带怎么样？

……

教　师：大家觉得给他奶奶买什么礼物好？

学生$_4$：给她买一件衣服怎么样？

学生$_5$：给她带一条围巾怎么样？

……

❀ 活动步骤

1. 教师将学生分组，三到四人一组，给每个学生发一张事先准备好的调查表。

2. 小组几人轮流问答，按照语言准备阶段的问答练习方式，用目标表达式2，针对"给亲友带什么礼物"向寒暑假回国的学生提出建议，每个学生将采纳的建议填写进自己的表格中。

3. 小组讨论完毕后，教师挑选出若干个学生，每个学生根据自己的礼物调查表随机询问几个学生，例如"我送给妈妈一件旗袍怎么样？"，被询问的学生向其表达自己的建议。

第二章 代词

疑问代词（几、多少）

语法释义

"几"和"多少"都可以用来询问数量，但是询问的数量大小不同。如果答案大概率是十以下的数字时，常常用"几"来提问，例如"家里有几口人？""你有几个兄弟姐妹？"；如果答案是十以上的数字或者难以估计，常用"多少"来提问。此外，"多少"可以询问由数字组成的号码，例如电话号码、房间号码等，此时一般不用"几"来询问。但是如果是问号码中的某个数字，可以用"几"，例如"你的房间号码是五〇几？""你的电话号码是八七三四五二〇几？"等。

交际表达式（板书）

1. **主语＋几＋量词＋名词**
   主语＋多少＋名词
   例句：
   一盒牛奶几块钱？
   一条裤子多少钱？

2. **主语＋动词＋几＋量词＋名词**
   主语＋动词＋多少（＋量词）＋名词
   例句：
   你买了几盒牛奶？
   你花了多少钱？

汉语语法课堂活动

活动设计

012 调查：班级通讯录

❀ 活动目标

学生通过调查其他人的通讯信息，熟练掌握询问数量和号码的"多少"和"几"，学习它们在询问数量和号码时的不同用法。

❀ 活动时间

15 分钟左右

❀ 活动准备

1. 资源准备

设计一张通讯调查表，用于调查学生的生日、手机号码、房间号码、QQ 号等。通讯调查表可参见资源 6。

2. 语言准备

教师以某个学生为例，带领学生练习用"多少"和"几"提问号码等。例如：

教　师：你的生日是几月几号？

学生$_1$：我的生日是 6 月 17 号。

教　师：你的手机号码是多少？

学生$_2$：我的手机号码是 13426578943。

教　师：你的房间号码是几〇几？

学生$_3$：我的房间号码是 507。

教　师：你的 QQ 号码是多少？

学生$_4$：我的 QQ 号是 851869623。

……

第二章 代词

❈ 活动步骤

1. 教师给每个学生发一张通讯调查表。
2. 学生在班里自由走动,在规定的时间内,尽量多调查一些同学的通讯信息,并填写进表格中。
3. 自由调查完毕后,教师请每个人汇报一个学生的通讯信息。
4. 汇报完毕后,教师请大家一起来检查记录的信息有没有错误。确认信息无误后,教师将采集到的信息制作成班级通讯录,发送给学生。

013 问答:购物达人

❈ 活动目标

学生互相询问对方购物小票上的商品信息,通过这个问答活动熟练掌握表达式"主语+动词+几+量词+名词"和"主语+动词+多少(+量词)+名词",学习"多少"和"几"在询问数量时的不同用法。

❈ 活动时间

15 分钟左右

❈ 活动准备

1. 资源准备

请学生每人搜集一张超市购物小票。

2. 语言准备

教师以一张购物小票上的信息为例,带领学生练习表达式"主语+动词+几+量词+名词"和"主语+动词+多少(+量词)+名词"。例如:

教 师:他去超市买了什么?

学生₁：他买了牛奶、面包、香蕉、毛巾、牙刷……

教　师：他几月几号去超市买的东西？

学生₂：六月七号。

教　师：他买了几盒牛奶？

学生₃：他买了两盒牛奶。

教　师：一盒牛奶几块钱？

学生₄：一盒牛奶四块钱。

教　师：他买了几个面包？

学生₅：他买了一个面包。

教　师：一个面包几块钱？／一个面包多少钱？

学生₆：一个面包三块五。

……

教　师：他一共花了多少钱？

学生₇：他一共花了五十六块八毛。

教　师：他给收银员多少钱？

学生₈：他给收银员六十块。

教　师：收银员找他几块钱？／收银员找他多少钱？

学生₉：收银员找他三块两毛钱。

活动步骤

1. 教师在活动前一两天布置任务，请每人找一张购物小票，活动当天带到学校来。
2. 教师将学生分组，两人一组。
3. 小组两人互相问答，询问购物小票上的购物日期、商品单价、购买数量、总价等信息。
4. 各组讨论完毕后，教师选几组学生到前面以对话的形式进行汇报。

第二章　代　词

疑问代词（所有疑问代词）

语法释义

疑问代词是用来表示疑问的代词，可以用来询问人、事物、处所、时间、性质、状态、方式、程度、数量等。

活动设计

014 调查：婚礼

活动目标

学生调查一场大型婚礼的各项信息，通过这个调查活动熟练掌握各种疑问代词的用法。

活动时间

20分钟左右

活动准备

1. 资源准备

（1）搜集一位名人（例如：英国哈里王子）的婚礼的相关信息和图片。

（2）设计一张调查表，用来调查一位名人的婚礼信息，例如：新娘、新郎、伴郎、伴娘、嘉宾、场地、戒指、宴席、花费等。可以在PPT中用图片的形式展示这些词，为词语标注拼音和英文。调查表可参见资源7。

2. 语言准备

教师以事先准备的名人的婚礼为例，带领学生练习含有"谁""哪里/哪儿""什么""怎么""几""哪""多少""怎么样"等疑问代词的各种问题。例如：

新娘/新郎是谁？

伴娘/伴郎是谁？

这场婚礼是什么时候/哪一天举行的？

这场婚礼是在哪儿举行的？

有多少嘉宾参加？

有哪些名人参加？

这场婚礼花了多少钱？

新郎和新娘怎么认识的？

你觉得这场婚礼怎么样？

……

活动步骤

1. 教师将学生分组，两人一组，给每组发一张事先准备好的调查表。
2. 活动前一天布置调查任务，请每组学生利用网络调查一场盛大的名人婚礼的信息，填写调查表，并一起根据调查表信息制作PPT。
3. 上课时，教师请各组学生展示PPT，并请各组的两个学生分别扮演新闻主持人和策划人，以采访的形式汇报这场婚礼的各项信息。

活动建议

这个活动也可以用来练习"是……的"句。

015 对抗赛：看大片

活动目标

学生对一部大片的相关信息进行问答，通过这个问答活动熟练掌握各种疑问代词的用法。

🌸 活动时间

15分钟左右

🌸 活动准备

1. 资源准备

（1）准备一张大家熟悉的电影海报，例如《泰坦尼克号》。请学生提前调查这部电影的相关信息，例如：导演和男女主角的名字、男女主角的个人情况、电影的内容等。

（2）在PPT中用图片的形式展示活动中可能用到的生词，标注拼音和英文。

2. 语言准备

教师以电影《泰坦尼克号》为例，带领学生练习含有"谁""哪里/哪儿""什么""怎么""几""哪""多少""怎么样"等疑问代词的各种问题。例如：

这部电影的导演是谁？

这部电影的男/女主角是谁？

男/女主角现在多大了？

男/女主角是哪国人？

女主角的丈夫/男朋友是谁？

男主角的妻子/女朋友是谁？

电影里他们坐船去哪儿？

露丝和杰克是怎么认识的？

露丝是怎样获救的？

船为什么沉了？

你觉得这部电影怎么样?

……

❀ 活动步骤

1. 教师提前一天将学生分为 A、B 两组，各组可以自建微信群以方便讨论。

2. 要求所有学生回去观看某部指定大片，并请学生搜索这部大片的相关信息。请学生思考关于这部电影的各种问题，将这些问题一一写下来并注明答案，写得越多越好。每个人将所写的内容发到本组的微信群里，最后由本组的一个人负责将所有的问题合并到一个文档里，请本组所有学生提前学习这些问题及答案，牢记在心，以备上课活动时顺利发挥。

3. 活动时教师将 A、B 两组分开坐，给每组学生排好顺序，请 A 组第一个学生针对该影片用疑问代词提出一个问题，请 B 组第一个学生回答这个问题，答对加一分，答错不加分也不减分。

4. 然后 B 组第一个学生针对该影片用疑问代词提出一个问题，请 A 组第二个学生回答，答对加一分，答错不加分也不减分。

5. 问答完毕后，教师计算两组得分，得分高的小组获胜。

❀ 活动建议

这个活动适合已经学过所有疑问代词的学生在复习阶段使用，可以是阶段性复习，也可以是总复习。此时学生已经掌握一定数量的词汇，教师只需将部分没有学过的生词展示出来以扫除活动障碍。

第二章　代　词

疑问代词（表任指）

语法释义

疑问代词有时候不表示疑问，而表示任指。例如："谁"指任何一个人，"哪儿"指任何一个地方。疑问代词这样用时常常与"都"或"也"连用，有时句首有"无论""不管"等连词。疑问代词表示任指还有一种用法是用两个相同的疑问代词，前后呼应，指同一个人、同一件事、同一个时间、同一个地点等等。

交际表达式（板书）

1. **(无论/不管+) 谁/什么/哪儿/怎么……，都/也……**

   例句：

   （无论）谁问都/也不要说。

   （无论）什么都爱吃。

   （不管）怎么说都/也不听。

   （不管）去哪儿都行。

2. **谁……谁……**

   哪儿……哪儿……

   什么……什么……

   怎么……怎么……

   例句：

   谁想去谁（就）去。

   喜欢哪儿（就）去哪儿。

   什么好吃（就）吃什么。

   想怎么玩儿（就）怎么玩儿。

35

汉语语法课堂活动

活动设计

016 讨论：截然相反的人

活动目标

学生讨论截然相反的人在性格、喜好、能力、行为等方面的不同表现，通过这个讨论活动熟练掌握表达式"（无论/不管+）谁/什么/哪儿/怎么……，都/也……"，使用两个相同的疑问代词表示任指，学习疑问代词表任指的用法。

活动时间

20分钟左右

活动准备

1. 资源准备

设计一张调查表，用于调查截然相反的人（例如：健康的人和生病的人，积极的人和消极的人，随和的人和挑剔的人，勇敢的人和胆小的人，等等）在性格、喜好、能力、行为、饮食、运动等方面的不同表现。调查表可参见资源8。

2. 语言准备

教师以调查表中的一对截然相反的人为例，带领学生练习。例如：

教　师：健康的人吃东西，冷的、硬的、辣的、酸的、甜的，各种东西都能吃，我们用"什么"可以怎么说？

（教师手指第一种表达式，引导学生说句子）

学生$_1$：健康的人什么都能吃。

学生$_2$：健康的人吃什么都没问题。

学生$_3$：健康的人吃什么都行。

......

教　师：用第二种表达式怎么说？

学生$_4$：健康的人想吃什么就吃什么。

学生$_5$：健康的人什么好吃就吃什么。

学生$_6$：健康的人喜欢吃什么就吃什么。

......

教　师：那生病的人会怎么样？

学生$_7$：生病的人吃什么都不舒服。

学生$_8$：生病的人什么都不想吃。

学生$_9$：生病的人吃什么都不香。

......

活动步骤

1. 教师将学生分组，三到四人一组，给每组发一张事先准备好的调查表。

2. 小组按照语言准备阶段的问答练习方式，讨论调查表中各种截然相反的人的行为。一个学生问，其他学生答。每个学生问一对截然相反的人的行为，问的学生负责把答案记录在表格中。讨论完一对截然相反的人的行为之后，讨论下一对截然相反的人，换一个学生问，其他学生答。

3. 小组讨论完毕后，教师从第一组选一个学生，汇报调查表中第一对截然相反的人的行为，用目标表达式说对一个句子就加一分，说错不加分也不减分。然后从第二组选择一个学生，汇报第二对截然相反的人的行为。按照这样的方式汇报，直到最后一组。最后比较一下，看哪组得分最高，得分最高的小组获胜。

第三章 动 词

能愿动词（能、可以——表具备某种主观能力、客观条件）

语法释义

能愿动词"能"和"可以"对人来说，是具备某种主观能力，对物来说，是具备某种功能。"能"和"可以"也可以表示在具备某种客观条件的前提下，产生某种结果或达到某种目的。在否定句式中，一般用"不能"，不用"不可以"。若动词后面有补语，常常采用可能补语的否定形式来否定。

交际表达式（板书）

1. **主语 + 能 / 可以 + 动词短语**

   例句：

   （表示具备主观能力）

   我能 / 可以喝白酒。

   我能 / 可以吃榴莲。

   我不能喝白酒。（注意：否定一般用"不能"）

   我不能吃榴莲。

   （表示具备功能）

   微信能 / 可以语音聊天儿。

   支付宝能 / 可以付款。

   支付宝不能语音聊天儿。（注意：否定一般用"不能"）

   QQ 不能付款。

2. 条件（+主语）+ 能 / 可以 + 动词短语

例句：

时间还早，九点钟之前（我们）能 / 可以赶回去。

时间太晚了，九点钟之前赶不回去。（注意：否定常用可能补语的否定形式）

3. 主语 + 能 + 动词 + 数量词 + 名词

例句：

我能吃一点儿辣。

我能喝一瓶啤酒。

活动设计

017 调查：微信和支付宝的功能差异

❀ 活动目标

学生调查并对比微信和支付宝的功能差异，通过这个调查活动熟练掌握表达式"主语 + 能 / 可以 + 动词短语"，学习其表达事物具备某种功能的用法。

❀ 活动时间

25 分钟左右

❀ 活动准备

1. 资源准备

设计一张调查表，用于调查微信和支付宝的功能差异。调查表可参见资源9。

2. 语言准备

教师带领学生，以QQ的功能为例，练习表达式"主语＋能/可以＋动词短语"。例如：

教　师：QQ能/可以做什么？

学生$_1$：QQ能/可以发消息。

学生$_2$：QQ能/可以语音聊天儿。

学生$_3$：QQ能/可以视频聊天儿。

……

活动步骤

1. 教师将学生分组，两人一组，给每组学生发一张事先准备好的调查表。
2. 小组两人调查微信的功能，按照语言准备阶段的问答练习方式进行问答。学生A提问，学生B回答并负责在表格相应栏中打钩，直到将微信的主要功能调查完毕。
3. 学生A和学生B互换角色，调查支付宝的功能。学生B提问，学生A回答并负责在表格相应栏中打钩，直到将支付宝的主要功能调查完毕。
4. 学生A和学生B一起总结微信和支付宝的功能差异。
5. 教师请几组学生到前面汇报各组的调查结果。

018 接龙游戏：物尽其用

活动目标

学生接龙回答某一指定物品的功用，通过这个游戏熟练掌握表达式"条件（＋主语）＋能/可以＋动词短语"，学习其表达具备某种客观条件就可以达到某种目的或者产生某种结果的用法。

第三章　动词

❉ 活动时间

15 分钟左右

❉ 活动准备

1. 资源准备

   准备一张白纸、一个空盒子、一个空可乐瓶子。

2. 语言准备

   教师带领学生练习表达式"条件（+主语）+能/可以+动词短语"。

例如：

教　师：十块钱能/可以用来做什么？

学生$_1$：十块钱能/可以在食堂吃一顿饭。

学生$_2$：十块钱能/可以买三盒牛奶。

学生$_3$：十块钱能/可以买两张地铁票。

……

❉ 活动步骤

1. 教师把全班学生分成 A、B 两组。

2. 教师提问"一张白纸能/可以做什么？"，请 A 组第一个学生先回答，说完后 B 组第一个学生接着回答，然后是 A 组第二个学生回答，B 组第二个学生回答，按照这种顺序依次接龙。答对加一分，答错或者答不上来不得分。

3. 所有学生回答完第一个问题以后，教师继续提出新问题"一个盒子能/可以做什么？"，请两组学生接龙回答，从 B 组学生先开始，方法同步骤 2。

4. 所有的问题接龙回答完毕后，教师统计一下哪个小组得分高，得分高的小组获胜。

活动建议

活动中教师还可以根据学生的兴趣和语言水平酌情增加问题的数量和难度,例如"一台电脑能做什么?""十万块钱能做什么?"等。

019 辩论:人生大计

活动目标

学生通过这个辩论活动说出实现一些人生大事的各种条件,熟练掌握表达式"条件(+主语)+能/可以+动词短语",学习其表达具备某种条件就可以达到某种目的或者产生某种结果的用法。

活动时间

25分钟左右

活动准备

1. 资源准备

准备三到四张与人生大事相关的图片,例如:结婚、生孩子、买房子等。

2. 语言准备

教师以某件人生大事为话题,带领学生练习表达式"条件(+主语)+能/可以+动词短语"。例如:

教 师:怎么样就能/可以毕业了呢?

学生$_1$:上完大四就能/可以毕业了。

教 师:上完大四就能/可以毕业吗?(你同意吗?)

学生$_2$:上完大四不一定能毕业,写完论文才能毕业。

教 师:写完论文就能/可以毕业吗?(你同意吗?)

学生₃：写完论文不一定能毕业，论文通过才能毕业。

……

教　师：毕业了就能／可以做什么了呢？

学生₄：毕业了就能／可以工作了。

教　师：毕业了，还能／可以做什么呢？

学生₅：毕业了就能／可以结婚了。

学生₆：毕业了就能／可以到处旅游了。

学生₇：毕业了就能／可以做生意了。

……

活动步骤

1. 教师将学生分成 A、B 两组。

2. 教师提出话题，例如"你认为怎样就能／可以结婚了？"，请 A 组的第一个学生回答。

3. 请 B 组的第一个学生针对刚才 A 组的回答提出反对意见，并说明理由，例如"我觉得找到工作还不能结婚，有很多钱才能结婚"。

4. 两组的第一个学生完成一个对话之后，再请 A 组的第二个学生说出一个结婚的条件，请 B 组的第二个学生提出反对意见，并说明理由。

5. 请若干对学生对话之后，教师再提出一个新的话题。这一次 A 组和 B 组学生的角色互换，即 B 组的学生回答老师的问题，A 组的学生提出反对意见，并说明理由。

6. 请若干对学生对话之后，教师再提出一个新的话题。如此反复，直到准备的话题都说完为止。

7. 要求用目标表达式阐述，学生每用对一次得一分，用错或没用不得分，得分高的小组获胜。

020 调查：你能吃多少

活动目标

学生调查其他人对怪味食品、刺激性食品和易过敏食品的承受能力，通过这个调查活动熟练掌握表达式"主语＋能／可以＋动词短语"和"主语＋能＋动词＋数量词＋名词"，学习其表示具备某种能力和能力大小的用法。

活动时间

25分钟左右

活动准备

1. 资源准备

（1）设计一张调查表，用于调查学生对怪味食品、刺激性食品和易过敏食品的承受能力。调查表可参见资源10。

（2）提前搜集相关食品的图片，标注食品名称、拼音和英文。

2. 语言准备

教师以榴莲为例，带领学生练习表达式"主语＋能／可以＋动词短语"和"主语＋能＋动词＋数量词＋名词"。例如：

教　师：你能／可以吃榴莲吗？

学生$_1$：我能／可以吃（榴莲）。

学生$_2$：我也能／可以吃。

学生$_3$：我不能吃，我不喜欢榴莲的味道／我吃榴莲上火。

……

教　师：你能吃多少榴莲？

学生$_1$：我能吃很多（榴莲）。

学生₂：我能吃一点儿（榴莲）。

学生₃：我一口也不能吃。

……

❂ 活动步骤

1. 教师将学生分组，两人一组，给每个人发一张事先准备好的调查表。
2. 小组两人调查对方对一些怪味食品、刺激性食品和易过敏食品的承受能力，按照语言准备阶段的问答练习方式进行问答。学生A提问，学生B回答并负责填写表格，将表格中所有食品调查完毕。
3. 学生A和学生B互换角色。学生B提问，学生A回答并负责填写表格，将表格中所有食品调查完毕。
4. 教师请几组学生到前面汇报各组的调查结果，A汇报对B调查的结果，B汇报对A调查的结果。

❂ 活动建议

这个活动也可以借助大家外出聚餐这样的契机来开展。从调查大家忌口的食物开始，先确定大家都能接受的一家餐馆，然后模拟到餐馆就餐的情景，询问大家对怪味食品、刺激性食品和易过敏食品的承受能力，最后确定点什么菜。

> 汉语语法课堂活动

能愿动词（能、可以——表许可）

语法释义

"能"和"可以"都能表示准许、许可，"能"表示许可的时候，多用于疑问句和否定句。"可以"表示许可的时候，可用于肯定句和疑问句，表达否定意思时，可以用"不可以"，更常用"不能"，单独回答问题时用"不行""不成"。

交际表达式（板书）

1. **主语 + 可以 + 动词短语**

   例句：

   在韩国，过春节的时候可以理发。

   我们公司上班的时候，员工可以打电话。

2. **主语 + 不能 + 动词短语**

   例句：

   在中国，过春节的时候不能理发。

   他们公司上班的时候，员工不能打电话。

3. **主语 + 能 / 可以 + 动词短语 + 吗**

   例句：

   在中国，过春节的时候能 / 可以理发吗？

   你们公司上班的时候，员工能 / 可以打电话吗？

活动设计

021 讨论：文明公约

❀ 活动目标

学生讨论各种公共场所许可的行为及禁止的行为，通过这个讨论活动熟练掌握表示许可的"能""可以"的疑问、肯定、否定的交际表达式，学习这些表达式表达许可和禁止的用法。

❀ 活动时间

10 分钟左右

❀ 活动准备

1. 资源准备

（1）搜集一些常见的公共场所表示安全、警示、禁止的标志，例如：禁止饮食、禁止嬉戏打闹、闲人免进、禁止吸烟、禁止拍照、吸烟区、保持安静、靠右站立等标志。

（2）在 PPT 中展示这些常见的公共场所及标志，标注名称、拼音和英文。

（3）设计一张调查表，用于调查常见公共场所的文明公约。调查表可参见资源 11。

2. 语言准备

教师利用准备好的图片，带领学生以教室这个场所为例，练习表示许可、禁止的表达式。例如：

教　师：在教室里，我们不能做什么？

学生$_1$：在教室里，我们不能抽烟。

学生$_2$：在教室里，我们不能喝酒。

学生₃：在教室里，我们不能打闹。

……

教　师：在教室里，我们可以做什么？

学生₄：在教室里，我们可以学习。

学生₅：在教室里，我们可以讨论问题。

学生₆：在教室里，下课后我们可以聊天。

学生₇：在教室里，下课后我们可以吃东西。

……

❀ 活动步骤

1. 教师将学生分组，两人一组，给每组发一张事先准备好的调查表。
2. 小组两人一起讨论调查表中每个场所许可和禁止的行为，并把讨论结果记录在调查表中。
3. 各组调查表填写完毕后，教师根据调查表里所列场所的顺序，按照语言准备阶段的问答练习方式提问各组学生，确保每一个场所都使用目标表达式充分回答后，再进行下一个场所的提问。

❀ 活动建议

1. 这个活动也可以采用这种组织方式：教师提前发放调查表，布置调查任务，请各组学生从表格中选取一到两个公共场所作为调查对象，利用课余时间去调查这些场所表示安全、警示、禁止的标志，拍照并制作PPT，下一次上课时用目标表达式向全班展示PPT并汇报他们的调查结果。

2. 这个活动也可以调查各个学生的家规、各个国家的禁忌等。

022 讨论：垃圾分类

❖ 活动目标

学生按照当前国际上比较通行的垃圾分类标准，将不同垃圾和相对应的垃圾类别相匹配，通过这个讨论活动掌握表示许可的"能""可以"的表达式，并学习这些表达式表达许可和禁止的用法。

❖ 活动时间

20 分钟左右

❖ 活动准备

1. 资源准备

（1）准备带有"可回收垃圾""厨余垃圾""有害垃圾""其他垃圾"四种标识的垃圾桶的图片，同时相应地准备一些垃圾的图片，标注名称、拼音和英文，可制作成 PPT。

（2）设计一张垃圾分类调查表。调查表可参见资源 12。

2. 语言准备

教师以几种常见垃圾为例询问学生，练习表示许可的"能""可以"的肯定、否定、疑问表达式。例如：

教　师：剩饭能/可以扔进可回收垃圾桶吗？

学生$_1$：剩饭不能扔进可回收垃圾桶。

教　师：饭盒能/可以扔进可回收垃圾桶吗？

学生$_2$：有的饭盒能/可以扔进可回收垃圾桶，有的不能。

教　师：一次性筷子呢？

学生$_3$：一次性筷子不能扔进可回收垃圾桶。

……

🌸 活动步骤

1. 教师将学生分组,两人一组,给每组学生发一张事先准备好的调查表。
2. 小组两人按照语言准备阶段的问答练习方式进行问答,将老师展示的各种垃圾与对应的垃圾桶相匹配,问的学生负责将各种垃圾在相应的垃圾桶下面的单元格中打对勾。
3. 各组调查表填写完毕后,再自行补充一些其他常见的垃圾填写进表格中,并在相应的垃圾桶下面的单元格中打对勾。
4. 各组讨论完毕后,教师请几组学生到前面汇报他们的讨论结果。

🌸 活动建议

　　这个活动也可以用来单独练习表示应该的能愿动词"要""得(děi)",例如"一次性筷子要放进什么垃圾桶中呢?"。或者与表示许可的"能""可以"放在一起练习,例如"一次性筷子不能放进可回收垃圾桶,要/得放进什么垃圾桶呢?"。

第三章　动词

能愿动词（应该、应当、应、该）

语法释义

表示事实上或情理上的需要，已然、未然的情况都可以用"应该""应当""应"或"该"。

交际表达式（板书）

主语+应该/应当/应/该+动词短语

例句：

你应该好好学习。

现在会议应当结束了。

大家对这个决定应无异议。

都六点了，他该来了。

活动设计

023 讨论：父母与子女的义务

❀ **活动目标**

学生通过讨论父母和子女的不同义务，熟练掌握表达式"主语+应该/应当/应/该+动词短语"，学习其表示事实上或情理上需要的用法。

❀ **活动时间**

15 分钟左右

汉语语法课堂活动

❀ 活动准备

1. 资源准备

（1）准备若干张父母照顾年幼子女的图片，以及子女照顾年老父母的图片。

（2）设计一张表格，用于记录父母与子女不同义务的讨论结果。表格可参见资源13。

2. 语言准备

教师引导学生思考并回答父母的义务，带领学生练习表达式"主语＋应该／应当／应／该＋动词短语"。例如：

教　师：父母应该为孩子做什么？

学生₁：父母应该照顾孩子。

学生₂：父母应该教育孩子。

学生₃：父母应该尊重孩子。

……

教　师：父母不应该对孩子做什么？

学生₁：父母不应该打孩子。

学生₂：父母不应该骂孩子。

学生₃：父母不应该对孩子发脾气。

……

❀ 活动步骤

1. 教师将学生分组，三到四人一组，给每组发一张事先准备好的表格。

2. 小组几人讨论父母和子女的不同义务：父母应该怎么对待自己的孩子，不应该做什么；在父母年老体衰之后，子女应该怎样对待他们，不应该做什么。将讨论结果填写进表格中。

3. 教师请几组各派一个学生，代表本组汇报讨论结果。
4. 教师选几条可能会有争议的父母和子女的做法，请学生对父母和子女的这些做法发表不同意见。

024 讨论：好老板和好员工

活动目标

学生通过讨论好老板和好员工的标准，熟练掌握表达式"主语＋应该／应当／应／该＋动词短语"，学习其表示事实上或情理上需要的用法。

活动时间

15 分钟左右

活动准备

1. 资源准备

设计一张表格，用于填写好老板和好员工的标准。表格可参见资源14。

2. 语言准备

教师以"好妈妈和好孩子"为话题，带领学生练习表达式"主语＋应该／应当／应／该＋动词短语"。例如：

教　师：怎样才是一个好妈妈？

学生$_1$：好妈妈应该爱孩子。

学生$_2$：好妈妈应该照顾好孩子。

学生$_3$：好妈妈应该尊重孩子。

……

教　师：怎样才是一个好孩子？

学生₁：好孩子应该听妈妈的话。

学生₂：好孩子应该帮助妈妈做家务。

学生₃：好孩子不应该乱花钱。

……

活动步骤

1. 教师将学生分组，两人一组，给每组发一张表格。
2. 小组两人一起讨论好老板和好员工的标准，并将标准填写进表格中。
3. 填写完后，前后两个小组互相交流一下对好老板和好员工标准的看法，并将认同的标准补充到自己的表格中。
4. 布置作业，请学生将讨论的结果以《好老板和好员工的标准》为题，写成一篇小文章。下次上课时，教师请几个学生朗读并分享他们的小文章。

第三章　动　词

能愿动词（得 děi）

语法释义

"得（děi）"用在动词前，表示事实上或者情理上需要，有时候表示不得已，当客观上应该做一件事，但是主观上又有些不情愿、为难时，可以使用"得"。

交际表达式（板书）

主语 + 得 + 动词短语

例句：

我妈妈每天得做饭。

爸爸得经常出差。

活动设计

025 辩论：男人的负担重，还是女人的负担重

❀ 活动目标

学生针对"男人的负担重，还是女人的负担重"这一话题进行辩论，通过这个辩论活动熟练掌握表达式"主语 + 得 + 动词短语"，学习其表达事实上或者情理上需要的意义和用法。

❀ 活动时间

30分钟左右

汉语语法课堂活动

❀ 活动准备

1. 资源准备

（1）准备男人和女人的照片各一张，照片中的男人和女人看起来很疲惫，很烦躁。

（2）用两张纸片制作两个阄儿，一个阄儿上写"男人的负担比女人的重"，另一个阄儿上写"女人的负担比男人的重"。

2. 语言准备

教师带领学生分别从父亲和母亲的角度练习表达式"主语＋得＋动词短语"。例如：

教　师：作为妈妈，她每天都很辛苦。想一想，你的妈妈每天得做什么？

学生$_1$：我妈妈每天得做饭。

学生$_2$：我妈妈每天得打扫卫生。

学生$_3$：我妈妈每天得接送孩子。

……

教　师：作为父亲，他每天也很辛苦。想一想，你的爸爸每天得做什么？

学生$_4$：我爸爸每天得努力工作。

学生$_5$：我爸爸每天得努力赚钱。

学生$_6$：我爸爸每天得加班。

……

❀ 活动步骤

1. 教师请学生自由组队，每队三到四人，教师根据班级学生人数，适当调控各组的人数，将全体学生分为偶数队，例如：2队（A、B队），4队（A、B、C、D队），6队（A、B、C、D、E、F队）。

2. 教师将"男人的负担比女人的重"设为正方,"女人的负担比男人的重"设为反方。先请 A、B 两队抓阄儿,A、B 两队明确辩题后将阄儿放回,再请 C、D 两队抓阄儿,以此类推,直到最后两队抓完阄儿。

3. 教师布置辩论任务,请学生课前搜集素材,组织观点,为辩论做好准备。

4. 正式辩论时,先请 A、B 两组进行辩论。A 组提出自己的观点,B 组进行反驳,A 组再对 B 组的观点进行反驳,直到其中一组没有新的句子、观点产生。

5. 再请 C、D 两队进行辩论,步骤同 4,以此类推,直到最后一组辩论完毕。

6. 最后请正方各组派一个学生和反方各组派一个学生分别对各组的观点和结论进行总结。

026 调查:辛苦的工作

活动目标

学生调查不同工作存在的不同压力,通过这个调查活动熟练掌握表达式"主语 + 得 + 动词短语",学习其表达事实上或者情理上需要的意义和用法。

活动时间

15 分钟左右

活动准备

1. 资源准备

(1)设计一张调查表,用于调查各种工作的压力。调查表可参见资源15。

(2) 准备一张清洁工的图片，用于语言准备阶段练习目标表达式。

2. 语言准备

教师展示一张清洁工的图片，引导学生思考这种职业的辛苦之处，练习表达式"主语＋得＋动词短语"。例如：

教　师：大家觉得清洁工辛苦不辛苦，他们的辛苦体现在什么地方？

学生$_1$：清洁工每天很早就得起床。

学生$_2$：清洁工每天都得工作很长时间。

学生$_3$：清洁工得打扫很脏的地方。

……

活动步骤

1. 教师给学生分组，两到三人一组，给每组发一张调查表。
2. 小组内每人说一个自己认为比较辛苦的职业，然后用目标表达式说一说这个职业为什么很辛苦，说的人把答案记录在调查表里。
3. 调查完成之后，请各组派一个人汇报一下，他们小组认为比较辛苦的职业分别是什么，这些职业的辛苦之处表现在哪些方面。

027 讨论：人到中年

活动目标

学生通过讨论中年人面临的各种压力，熟练掌握表达式"主语＋得＋动词短语"，学习其表达事实上或者情理上需要而主观上有些为难的意义和用法。

活动时间

15分钟左右

活动准备

1. 资源准备

　　准备两三张中年人图片，例如：神情疲惫的、正在做家务的、忙于工作的中年人等。

2. 语言准备

　　教师请学生以自己的父母为例，练习表达式"主语 + 得 + 动词短语"。例如：

　　教　师：你们的父母累不累？为什么？

　　学生$_1$：累，因为他们每天都得早起。

　　学生$_2$：累，因为他们每天都得工作。

　　学生$_3$：累，因为他们得赚钱养家。

　　学生$_4$：累，因为得照顾自己的父母。

　　……

活动步骤

1. 教师将学生分组，每组三到四人。
2. 小组成员共同讨论：人到中年以后为什么很辛苦？跟年轻人和老年人相比，他们的责任为什么更多更大？要求使用表达式"主语 + 得 + 动词短语"。
3. 讨论完毕后，请各组派一位代表上台进行汇报，看哪一组目标表达式用得又多又准确，每用对一次加一分，得分高的小组获胜。

汉语语法课堂活动

能愿动词（会——表技能）

语法释义

表示经过学习后具有某种能力、掌握某种技能的时候，可以用"会"。

交际表达式（板书）

主语＋会＋动词短语/名词短语

例句：

我会游泳。

我会（打）篮球。

活动设计

028 角色扮演：社团招新

活动目标

学生借社团招新这个话题讨论个人的特长，通过这个角色扮演的活动熟练掌握表达式"主语＋会＋动词短语/名词短语"，学习其表示经过学习后具有某种能力、掌握某种技能的用法。

活动时间

20分钟左右

活动准备

1. 资源准备

设计校园社团招聘海报，标示出社团名字及所要招聘的职位名称。

2. 语言准备

教师从生活、工作、语言、艺术、运动等方面，通过问答练习了解学生的个人特长，带领学生练习表达式"主语＋会＋动词短语/名词短语"。例如：

（生活方面）

你会做菜吗？

你会做什么菜？

你会开车吗？

……

（工作方面）

你会使用哪些办公软件？

……

（语言方面）

你会说汉语吗？

……

（艺术方面）

你会唱歌吗？

你会（演奏）乐器吗？

你会跳舞吗？

……

（运动方面）

你会打乒乓球吗？

你会打篮球吗？

……

活动步骤

1. 教师将学生分组，四到五人一组。

2. 小组内部一起讨论,根据老师提供的社团海报,介绍自己的特长是什么,想报什么社团,应聘什么职位,等等。

3. 各组讨论完毕后,教师选几个学生分别扮演不同社团的招聘负责人,请其他学生扮演前来应聘的学生,模拟社团招新的情景,使用目标表达式表演对话。

029 问答:学本领

活动目标

学生以问答的形式告诉对方自己掌握的本领以及习得这些本领的大概年龄,通过这个问答活动熟练掌握表达式"主语+会+动词短语/名词短语",学习其表示经过学习后具有某种能力、掌握某种技能的用法。

活动时间

15分钟左右

活动准备

1. 资源准备

(1) 从运动、艺术、语言、生活等方面准备几张小孩儿学某种本领的图片,例如:学游泳、学钢琴、学英语、学做饭等,在图片上注明相应的动词短语,并为汉字标注拼音。

(2) 设计一张用来小组问答的表格。表格可参见资源16。

2. 语言准备

教师从运动、艺术、语言、生活等方面,通过问答了解大家有哪些本领,并询问学生习得这些本领的年龄,带领学生练习表达式"主语+会+动词短语/名词短语"。例如:

教　师：你会什么运动？

学生₁：我会游泳。

教　师：你多大会游泳的？

学生₁：我六岁就会游泳了。

……

教　师：你会弹钢琴吗？

学生₂：我会弹钢琴。

教　师：你多大会弹钢琴的？

学生₂：我八岁就会弹钢琴了。

……

❀ 活动步骤

1. 教师将学生分组，两人一组，给每个学生发一张事先准备好的表格。

2. 小组两人互相问答，询问对方在运动、艺术、语言、生活方面会哪些本领，每种本领是多大习得的，将对方的情况记录在自己的表格中。谈完表格中所列的本领之后，再谈一谈表格中没有的本领，并记录在表格中。

3. 各组讨论完毕后，教师选几个学生到前面来，要求学生用目标表达式向大家汇报其记录的同伴的本领，以及习得每种本领的年龄。

汉语语法课堂活动

能愿动词（想、要——表意愿）

语法释义

"想"，表示愿望、打算、希望；"要"可以表示做某事的意愿、意志。二者意义接近，但是又有所不同。"想"是还不确定的打算，所以"想"前面可以加上表示不太确定的、程度低的"有点儿"，也可以加上程度高一点儿的"很"。而"要"是一种比较确定的意愿，是一种意志，在语义上比"想"要强得多，所以"要"前可以加上表示强烈意志和愿望的词，例如"一定""非……不可""必须"等。

交际表达式（板书）

1. **主语（+有点儿/很/非常）+想+动词短语**

   例句：

   我有点儿想回家了。

   听说那个电影很好，我很想去看。

2. **主语（+一定/非/必须）+要+动词短语**

   例句：

   他非要去中国留学不可。

   太晚了，我必须要回去了。

活动设计

030 调查：必修课和选修课

活动目标

学生调查班上的其他同学本学期要上的必修课和想选的选修课，

通过这个调查活动熟练掌握"要"和"想"的表达式，学习这些表达式表示意愿的用法，了解"要"与"想"在语义上细微的差别。

❀ 活动时间

15 分钟左右

❀ 活动准备

1. 资源准备

（1）准备本班学生本学期的必修课表、选修课表及选修课统计表。表格可参见资源 17。

（2）准备选修课表里部分课程的相关图片，并标注上课程名称和拼音。

2. 语言准备

教师利用必修课表和选修课表，带领学生练习"要"和"想"的表达式。例如：

教　师：这个学期你们要上什么课？

学生$_1$：我要上读写课。

教　师：一定要上吗？

学生$_1$：一定要上。

教　师：为什么一定要上？

学生$_1$：因为要考试。

教　师：还有别的原因吗？

学生$_2$：因为要拿学分。

学生$_3$：因为要毕业。

教　师：（带领全体学生）这个学期我们一定要上读写课，因为要考试，要拿学分，要毕业。

……

教　师：这个学期你想上什么课?

学生$_1$：我想学太极拳。

教　师：很想学吗?

学生$_1$：非常想学。

教　师：你为什么想学太极拳?

学生$_1$：因为我喜欢太极拳。

教　师：（带领全体学生）他这个学期想学太极拳，因为他喜欢。

……

活动步骤

1. 教师将学生分组，每组三到四人，给每组发一份事先准备好的必修课表、选修课表和选修课统计表。
2. 小组几人互相询问并讨论，了解大家本学期想选的选修课、想学的程度以及想学的原因，填写表格。
3. 调查完毕后，教师提问大家本学期要上的必修课，请大家用"要"的表达式回答。
4. 选若干学生用"想"的表达式汇报他们调查的学生想选的选修课分别是什么，并陈述选择这些选修课的原因。

031 采访：各奔前程

活动目标

学生通过采访其他人毕业后的打算，熟练掌握"要"和"想"的表达式，学习这些表达式表示意愿的用法，了解"要"与"想"在语义上细微的差别。

活动时间

15 分钟左右

活动准备

1. 资源准备

设计一张采访记录表，用于记录学生毕业后的打算。采访记录表可参见资源 18。

2. 语言准备

教师以"毕业后的打算"为话题，带领学生练习"要"和"想"的表达式。例如：

教　师：毕业后你打算做什么？

学生₁：我打算回国工作。

教　师：你决定了吗？

学生₁：我决定了。

教　师：那我们用"要"或者"想"应该怎么来说？

学　生：毕业后他要回国工作。

教　师：你为什么要回国工作？

学生₁：因为我要赚钱。

教师带领学生：因为他要赚钱，所以毕业后他要回国工作。

教　师：毕业后你打算做什么呢？

学生₂：我打算考研究生。

教　师：你决定了吗？

学生₂：还没决定。

教　师：那我们用"要"或者"想"怎么说？

学　生：毕业后他想考研究生。

教　师：你还有别的打算吗？

学生₂：我也想工作。

教师带领学生：毕业后他想考研究生，也想工作。

……

❀ 活动步骤

1. 教师给每个学生发一张采访记录表。
2. 学生在教室里随意走动，在规定的时间里，尽量多采访一些同学，询问他们毕业后的打算。将已经决定了的打算填写进采访表中"要"这一栏；将尚未决定的想法填写进采访表中"想"这一栏。
3. 采访结束后，请几个学生到前面汇报他们采访的学生的毕业打算，要求使用"要"和"想"进行表达。

第三章　动词

── 动词重叠 ──

语法释义

汉语动词可以重叠起来使用。动词重叠的基本语法意义是表示动作持续的时间短或进行的次数少。从表达功能来看可以分为三种情况：一是用于未然的动作，动词重叠的主要作用是缓和语气，用于委婉地表达主观愿望，有时也表示尝试的意味，此时动词重叠后可以加"看"；二是用于已然的动作，重叠的动词之间常常加"了"，表示动作持续的时间很短；三是用于经常性的或者没有确定时间的动作，句子往往有"轻松""随便"的意味，常常是几个动词重叠连用。

交际表达式（板书）

1. **主语 + 动词重叠（+ 名词短语）**

   例句：

   我的书不见了，我得找找。

   她生气了，你帮我劝劝她。

2. **主语 + 动词重叠 + 看**

   例句：

   我不知道她在不在家，你给她打电话试试看。

   眼镜有没有掉到床底下，你找找看。

3. **主语 + 动词 + 了 + 动词（+ 名词短语）**

   例句：

   我试了试这件衣服，不太合适。

   我听了听这首歌，很好听。

4. 主语 + 动词重叠$_1$ + 动词重叠$_2$ + ……

例句：

在商场，买买衣服，喝喝茶，吃吃饭。

在公园，可以打打球，跳跳舞。

活动设计

032 讨论：大卫的女朋友生气了

❀ 活动目标

学生为一个假想的人物"大卫"出主意使他的女朋友消气，通过这个讨论活动熟练掌握表达式"主语 + 动词重叠（+ 名词短语）"，学习其表达委婉的建议的用法。

❀ 活动时间

20 分钟左右

❀ 活动准备

1. 资源准备

准备一张生气的女生的图片。

2. 语言准备

教师带领学生以头脑风暴的形式思考"如果有朋友心情不好，可以用什么方式调整他的情绪"，练习表达式"主语 + 动词重叠（+ 名词短语）"。例如：

教　师：当你的朋友心情不好的时候，你可以做什么？

学生$_1$：可以和朋友聊天儿。

教 师：我们可以怎么说呢？（用手指一指目标表达式，让学生自己说出目标句子）

学生₁：可以和朋友聊聊天儿。

学生₂：可以陪她逛逛街。

学生₃：可以陪她吃吃饭。

……

❀ 活动步骤

1. 教师将学生分组，三到四人一组。
2. 请各组以"大卫（虚拟的人物）的女朋友生气了"为话题，大家一起为"大卫"献计献策，怎样让大卫的女朋友消气，并用表达式"主语+动词重叠（+名词短语）"表达出来。
3. 各组任务完成后，教师请几组各派一个学生到前面汇报。

❀ 活动建议

教师也可以设置其他情境让学生提出建议，例如"想追一个女孩子用什么办法？""哄妈妈开心用什么办法？"等。

033 讨论：一堆麻烦事

❀ 活动目标

学生为他人遇到的麻烦事提建议，通过这个讨论活动熟练掌握表达式"主语+动词重叠（+名词短语）"和"主语+动词重叠+看"，学习它们表示委婉的建议以及表示尝试的用法。

❀ 活动时间

10分钟左右

汉语语法课堂活动

活动准备

1. 资源准备

　　设计一张表格,用来填写学生遇到的麻烦事以及其他学生提出的建议。表格可参见资源19。

2. 语言准备

　　教师带领学生以头脑风暴的形式思考"如果作业不会做怎么办?",练习表达式"主语＋动词重叠(＋名词短语)"和"主语＋动词重叠＋看"。例如:

　　教　师:如果老师布置的作业不会做,你会怎么办?

　　学生$_1$:问问同学怎么做。

　　学生$_2$:上网查查看。

　　学生$_3$:多思考思考。

　　……

活动步骤

1. 教师将学生分组,三到四人一组,给每组发一张表格。
2. 各组每个学生依次陈述自己最近遇到的一两件麻烦事,并将这些麻烦事填写进表格中,其他学生用目标表达式给这个学生提出解决这些麻烦事的建议,遇到麻烦事的学生将大家提出的建议填写进表格中。

034 对歌:《幸福拍手歌》

活动目标

　　学生听《幸福拍手歌》填出空缺的动词重叠部分的歌词,然后改写这部分歌词并学唱,通过这个对歌活动熟练掌握表达式"主语＋动词重叠(＋名词短语)",学习其表达短时、轻松、愉快的用法。

第三章　动词

🔅 活动时间

30 分钟左右

🔅 活动准备

资源准备

(1) 准备好歌曲《幸福拍手歌》的音频文件。

(2) 将歌词中动词重叠部分删掉，留出空白，然后打印歌词。歌词可参见资源 20。

🔅 活动步骤

1. 教师反复播放歌曲《幸福拍手歌》，学生边听边填出缺失的动词重叠部分的歌词，拼音、汉字皆可。

2. 教师公布答案，并教唱这首歌。

3. 请学生发挥想象力，改写动词重叠部分的歌词。

4. 将全班学生分成 A、B 两组，利用改写后的歌词，两组学生对歌，A 组第一个学生唱"如果感到幸福你就——"，B 组第一个学生用动词重叠的形式补充这句歌词，唱出来得一分，唱不出来给对方小组加一分。

5. B 组第二个学生唱"如果感到幸福你就——"，A 组第二个学生用动词重叠的形式补充这句歌词，唱出来得一分，唱不出来给对方小组加一分。按照这样的顺序依次唱到两组的最后一个学生。

6. 最后教师计算两组的得分，得分高的小组获胜。请输掉的小组为赢的小组合唱《幸福拍手歌》。

🔅 活动建议

这个活动也可以将学生分为若干组，分别改写歌词，最后分组演唱。

035 讨论：策划班级活动

活动目标

学生策划一个本学期的班级活动，通过这个讨论活动熟练掌握表达式"主语 + 动词重叠$_1$ + 动词重叠$_2$ + ……"，学习动词重叠表达"轻松""随便"的用法。

活动时间

20 分钟左右

活动准备

1. 资源准备

（1）准备一些当地的旅游景点、休闲场所的图片。

（2）准备一些休闲运动项目的图片，例如：打羽毛球、踢足球、跳绳、游泳等。

（3）准备一些文化娱乐活动的图片，例如：打太极拳、跳舞、唱卡拉 ok 等。

（4）设计一张表格，用来填写学生策划的班级活动。表格可参见资源 21。

2. 语言准备

教师以"周末活动"为主题，带领学生练习表达式"主语 + 动词重叠$_1$ + 动词重叠$_2$ + ……"。例如：

教　师：周末你常常去哪儿？

学生$_1$：我常常去商场。

教　师：在商场可以做什么？

学生$_1$：可以逛服装店，买衣服，喝茶，吃饭……

教　师：我们可以怎么说？（指一指目标表达式，让学生自己说出目标句子。）

学　生：在商场，可以逛逛服装店，买买衣服，喝喝茶，吃吃饭……
……

❀ 活动步骤

1. 教师将学生分组，三到四人一组，给每组发一张表格。
2. 各组通过讨论为班级策划一个本学期的集体活动，使用表达式"主语＋动词重叠$_1$＋动词重叠$_2$＋……"进行表达。
3. 讨论完毕后，请各组学生汇报他们的活动方案。
4. 汇报完毕后，全班一起评选出最精彩的活动方案，将其作为本学期的班级活动。

❀ 活动建议

这个活动可以把即将到来的各种节假日作为话题开展讨论，例如：新年、劳动节、端午节、中秋节、国庆节、圣诞节等节日，请学生设计班级活动。

第四章 形容词

形容词做谓语

语法释义

形容词按照表达功能可以分为性质形容词和状态形容词。从语法功能来看,形容词主要做定语、谓语、状语、补语等。形容词直接做谓语,前面不用"是"或者其他动词,主要作用是对人或事物的性质、状态进行描写。这时常在形容词前面加上表示程度的副词。

交际表达式(板书)

1. **主语+程度副词+形容词**

   例句:

   那个演员很漂亮。

   这部电影非常精彩。

2. **主语+形容词+补语**

   例句:

   我高兴死了!

   昨天球赛紧张极了!

活动设计

036 讨论：推荐饭馆和特色菜

❀ 活动目标

学生通过向同学推荐一个饭馆和这个饭馆的特色菜，熟练掌握表达式"主语＋程度副词＋形容词"和"主语＋形容词＋补语"，学习这两种表达式描述性质或描写状态的用法。

❀ 活动时间

15 分钟左右

❀ 活动准备

1. 资源准备

（1）准备几个当地有名的饭馆的图片，图片上都要有饭馆的名字。

（2）设计一张表格，用于填写推荐饭馆的位置、环境、服务、特色菜、价格等方面的信息。表格可参见资源 22。

2. 语言准备

教师以图片上的饭馆为例，带领学生练习表达式"主语＋程度副词＋形容词"和"主语＋形容词＋补语"。例如：

教　师：你们去过这个饭馆吗？

学　生：去过。

教　师：这家饭馆怎么样？

学生$_1$：这家饭馆很干净。

学生$_2$：这家饭馆非常漂亮。

学生$_3$：这家饭馆的菜好吃极了！

……

🌼 活动步骤

1. 教师将学生分组，两人一组，给每组发一张表格。
2. 每个学生从位置、环境、服务、价格等方面，向对方推荐一个自己喜欢的饭馆，并推荐几道该饭馆的特色菜，用表达式"主语＋程度副词＋形容词"和"主语＋形容词＋补语"进行表达。一个学生推荐，另一个学生将信息填写进表格中。
3. 一个学生推荐完毕，另外一个学生推荐，重复步骤2。
4. 教师请几个学生到前面汇报他的同伴推荐的饭馆及饭馆的特色菜。
5. 教师请大家举手投票，选定一家饭馆，作为下次班级聚餐的场所。

037 讨论：食品大采购

🌼 活动目标

学生比较超市促销小册子上同类商品的优劣，选定自己欲采购的食品，通过这个讨论活动熟练掌握表达式"主语＋程度副词＋形容词"和"主语＋形容词＋补语"，学习这两种表达式描述性质或描写状态的用法。

🌼 活动时间

10分钟左右

🌼 活动准备

1. 资源准备

（1）准备几份超市促销小册子。

（2）设计一张调查表，用于调查欲采购食品的价格、味道、色泽、新鲜度等。调查表可参见资源23。

2. 语言准备

教师利用超市促销小册子中的一张图片，带领学生练习表达式"主语＋程度副词＋形容词"和"主语＋形容词＋补语"。例如：

教　师：这种苹果怎么样？

学生$_1$：这种苹果很大。

学生$_2$：这种苹果很甜。

学生$_3$：这种苹果很红。

学生$_4$：这种苹果便宜极了！

……

活动步骤

1. 教师将学生分组，两人一组。给每组学生发一份超市促销小册子，并给每个学生发一张调查表。

2. 小组两人一起讨论自己周末去超市要采购的食品，从价格、味道、色泽、新鲜度等方面比较超市促销小册子上面的同类食品的优劣，选定自己欲采购的食品。将所选食品及同类食品的优劣填写进表格中。

3. 请几个学生汇报一下，他们打算购买的食品，并说明不选另外几种同类食品的原因。

汉语语法课堂活动

形容词做状语

语法释义

形容词做状语，只有"多""少""早""晚""快""慢"等少数单音节形容词可以单独做状语，例如：多吃蔬菜，少吃肉，早来，晚走，快走，慢跑，等等。双音节形容词做状语多用重叠形式，例如：痛痛快快地玩，完完整整地看了一遍。只有极少数双音节形容词可以单独做状语。

交际表达式（板书）

主语+早/晚/多/少/快/慢+动词短语

例句：
要想身体健康，我们要多吃蔬菜，少吃肉。
她每天早睡早起，生活习惯非常好。

活动设计

038 抢答赛：健康的生活方式

活动目标

学生先讨论健康的生活方式，然后进行抢答比赛，通过这个抢答赛熟练掌握表达式"主语+早/晚/多/少/快/慢+动词短语"，学习少数单音节形容词做状语表达建议的用法。

活动时间

15分钟左右

活动准备

1. 资源准备

(1) 准备一些与饮食、运动、生活作息、休闲娱乐等有关的图片。例如：蔬菜、水果、肉（红肉、白肉）、垃圾食品、散步、跑步、游泳、早睡早起、吃早饭、听音乐、看电影等。

(2) 设计一张表格，供学生讨论健康的生活方式后填写。表格可参见资源24。

2. 语言准备

教师以"健康的饮食"为话题，带领学生练习。例如：

教　师：要想保持身体健康，我们应该多吃什么，少吃什么？

学生$_1$：多吃蔬菜，少吃肉。

学生$_2$：多吃水果，少吃糖。

学生$_3$：多吃白肉，少吃红肉。

……

活动步骤

1. 教师将学生分组，三到四人一组，给每组发一张事先准备好的表格。
2. 小组几人从饮食、运动、生活作息、休闲娱乐等方面讨论健康的生活方式，并把讨论结果填写进表格中。
3. 讨论完后，教师组织几组学生从饮食、运动、生活作息、休闲娱乐等方面，用目标表达式进行抢答。先从饮食这个话题开始，用目标表达式说对一个句子就给这个小组加一分，句子重复不得分，直到几个小组都不能说出新的句子。
4. 换"运动"这个话题继续抢答，方法同步骤3。
5. 所有话题说完，计算总分，得分高的小组胜出。

活动建议

也可以用"保持体形的办法"这个话题做活动。

形容词重叠

语法释义

可以重叠的形容词有两类：性质形容词，例如"大""干净"等。单音节性质形容词的重叠形式为AA，双音节性质形容词的重叠形式为AABB。由一个名词语素或动词语素与一个形容词语素构成的复合形容词，也可以重叠，例如"雪白""冰凉"等，重叠形式为ABAB。单音节性质形容词重叠后做定语时，描写作用很强，包含喜爱的感情色彩。其他类型的形容词重叠后通常表示程度深。

交际表达式（板书）

1. **主语 + 形容词重叠 + 的**

   例句：

   她的腿长长的。

   天上的云雪白雪白的。

2. **主语 + 动词 + 形容词重叠 + 的 + 名词**

   例句：

   孩子穿着干干净净的衣服。

   天上飘着雪白雪白的云朵。

3. **主语 + 动词 + 得 + 形容词重叠 + 的**

   例句：

   桌子擦得干干净净的。

   东西放得整整齐齐的。

第四章 形容词

活动设计

039 采访：你最喜爱的女演员

❀ 活动目标

学生通过采访活动描述自己最喜爱的一位女演员的外貌特点，熟练掌握表达式"主语+形容词重叠+的"和"主语+动词+形容词重叠+的+名词"，学习这两种表达式表示喜爱和程度深的用法。

❀ 活动时间

10分钟左右

❀ 活动准备

1. 资源准备

（1）准备一张女演员的照片。

（2）设计一张表格，用于填写学生"最喜爱的女演员"的面部特征、身体特征等信息。表格可参见资源25。

2. 语言准备

教师展示事先准备的女演员的照片，带领学生一起描述她的长相。

教　师：她的脸怎么样？

学　生：她的脸小小的。

老　师：她有一双什么样的眼睛？

学　生：她有一双大大的眼睛。

……

❀ 活动步骤

1. 教师将学生分组，两人一组，给每人发一张表格。

2. 小组两人互相采访，被采访者用两种表达式"主语+形容词重叠+

的"和"主语＋动词＋形容词重叠＋的＋名词"描述一下自己最喜爱的女演员的样子，采访者负责填写表格。

3. 小组两人描述完后，教师选几个学生到前面来汇报一下他的同伴最喜欢的女演员是什么样子的。

040 讨论：大扫除

活动目标

学生通过讨论如何为房间进行一次彻底的大扫除，熟练掌握表达式"主语＋动词＋得＋形容词重叠＋的"，学习其表示程度深的用法。

活动时间

15分钟左右

活动准备

1. 资源准备

（1）准备一张打扫房间的图片。

（2）设计一张表格，用于记录打扫的房间、项目及打扫的结果。表格可参见资源26。

2. 语言准备

教师利用事先准备的打扫房间的图片，带领学生练习表达式"主语＋动词＋得＋形容词重叠＋的"。例如：

教　师：打扫房间时，地板要打扫得怎么样？

学生$_1$：地板要扫得干干净净的。

学生$_2$：地板要擦得亮亮的。

……

🔬 活动步骤

1. 教师将学生分组,两人一组,给每组发一张事先准备好的表格。
2. 小组两人假定为共同租住一套房子的室友,讨论怎样对房间进行一次彻底的大扫除。学生按照表格里的房间顺序和项目,将合适的动词和预期的打扫结果填写进表格中。
3. 表格填写完毕后,两人对着表格,轮流将预期的打扫结果用表达式进行复述。

第五章 数词和量词

概数

语法释义

说话人如果不知道、不愿意或者认为没有必要说出具体数目的时候,可以使用大概的数目,这就是概数。概数有多种形式,一种是两个相邻的数词连用,通常小的在前,大的在后,后面常有量词,例如:七八个、四五瓶、十三四人等。还有一种是数词后加上表示概数的词语,例如:来、多、把、左右、上下、以上、以下等。

交际表达式(板书)

1. **相邻两个数词+量词(+名词)**

   例如:

   两三千人、四五十岁

2. **数词(+量词)+左右/上下**(注意:上下多用于年龄)

   例如:

   二百个左右、七十岁上下

3. **数词+来/多/把+量词+名词**

   例如:

   三十来条鱼、五十多岁、万把块钱

4. **数词+量词+来/多+名词**

   三斤多、五个来小时

5. **数词（+量词+名词）+以上/以下**

例如：

一万人以上、二百块钱以下

活动设计

041 对抗赛：春季里开花

🏵 活动目标

学生填写《春季里开花》这首歌说唱部分的概数歌词，并按照这个节奏仿写一段说唱歌词，通过这个对抗赛熟练掌握表达式"相邻两个数字+量词（+名词）"。

🏵 活动时间

10分钟左右

🏵 活动准备

1. 资源准备

截取赵丽蓉的小品《如此包装》里的说唱部分（"春季里开花十四五六……"）的视频。

2. 语言准备

教师以学生某个日常活动为话题，带领学生练习表达式"相邻两个数字+量词（+名词）"。例如：

教　师：你一般几点起床？

学生$_1$：我一般七八点钟起床。

学生$_2$：我一般八九点钟起床。

……

活动步骤

1. 教师将学生分组，三到四人一组。

2. 教师播放赵丽蓉小品《如此包装》里的说唱片段，让学生学习，然后让学生发掘一些自己及家人与数字有关的信息，例如：年龄、作息时间、物品价格等，用这段说唱的节奏说出一些含有目标表达式的句子，例如：我的妹妹十七八岁，我的哥哥二十二三岁，我的妈妈五六点钟起床，她的衣服花了五六百块，等等。

3. 各组选一个学生进行汇报，其他没有汇报的学生在该学生汇报的时候，按照这段说唱的节奏打拍子。学生每说对一个含有目标表达式的句子就加一分，得分最高的小组获胜。

042 调查：航班时刻信息

活动目标

学生通过调查飞往某个城市的航班时刻信息，熟练掌握概数的几种表达式，了解这几种表达式在用法上的不同。

活动时间

15 分钟左右

活动准备

1. 资源准备

（1）准备一张某个城市飞往其他城市的航班时刻表，注明航班号、起飞时间、到达时间、航程、班期等信息。表格可参见资源 27 表一。

（2）设计一张航班时刻调查表，用于调查中国某大城市飞往学生所在国家的几大城市的航班的航班号、起飞时间、到达时间、航程、班期等信息。调查表可参见资源 27 表二。

2. 语言准备

教师利用事先准备好的航班时刻表，带领学生练习几种概数表达式。例如：

教　师：MF8479 航班几点起飞？

学　生：13 点 30 分。

教　师：如果你不是很确定，可以怎么说？

学生$_1$：13 点半左右。

教　师：那几点到达？

学　生：16 点 05 分。

教　师：16 点 05 分一定能到达吗？如果你不确定可以怎么说？

学生$_2$：下午 16 点左右。

学生$_3$：下午 16 点前后。

学生$_4$：下午 16 点多。

教　师：这个航班大概飞行多长时间？

学生$_5$：2 个多小时。

学生$_6$：2 个来小时。

学生$_7$：2 个半小时左右。

教　师：这个航班一个星期有几班？

学生$_8$：可能有三四班。

……

活动步骤

1. 教师将学生分组，两人一组，给每组发一张航班时刻表和一张调查表。

2. 小组两人用老师事先准备好的航班时刻表，使用目标表达式对剩余的几个航班时刻信息进行问答练习。

3. 小组两人在线查询从中国某个大城市飞往自己国家几大城市的航班信息，并用目标表达式进行问答练习，回答的人负责填写航班时刻调查表。

4. 教师选几个学生使用目标表达式汇报他们小组调查的航班时刻信息。

名量词

语法释义

名量词是表示事物数量单位的词。在汉语里，数词一般不能直接与名词连用，当数词和名词连用时，数词后需要使用量词。

交际表达式（板书）

（主语＋动词＋）数词＋量词＋名词

例句：

我要买一条毛巾。

带两件衬衣。

活动设计

043 角色扮演：行李清单

活动目标

学生模拟临行前妈妈和孩子的对话并拟定一份行李清单，通过这个角色扮演的活动熟练掌握表达式"（主语＋动词＋）数词＋量词＋名词"，学习其表示事物数量的用法。

活动时间

15 分钟左右

活动准备

1. 资源准备

制作一张行李清单。清单可参见资源 28。

2. 语言准备

教师以"班级旅行要带的东西"为话题，带领学生练习表达式"（主语＋动词＋）数词＋量词＋名词"。例如：

教　师：我们班明天去古龙峡旅行，你们觉得需要带什么东西？

学生$_1$：带一瓶水。

学生$_2$：带一个面包。

学生$_3$：带一顶帽子。

学生$_4$：带一件外套。

……

活动步骤

1. 教师将学生分组，两人一组，一个人扮演妈妈，一个人扮演来中国留学的学生。给每组发一张事先准备好的行李清单。
2. 小组两人进行对话，妈妈和孩子一起拟定行李清单，把应该带的物品填写进清单中。
3. 各组清单填写完毕后，教师请几组学生用表演的方式汇报他们的行李清单。

活动建议

这个活动也可以利用"开学大采购"这个话题来开展。

名量词重叠

语法释义

名量词（包括由名词转化而来的准量词、借用量词）可去掉前面的数词单独重叠，表示"由个体组成的全体"，有"毫无例外"的意思，其作用是增强句子的描写性。

交际表达式（板书）

量词重叠 + 动词（+ 宾语）

例句：

（春节时）家家都贴春联。

学生个个都很努力。

我天天去跑步。

活动设计

044 讨论：盛大的节日

活动目标

学生通过调查各国传统节日有哪些活动，熟练掌握表达式"量词重叠 + 动词（+ 宾语）"，学习其表示全体、毫无例外的用法。

活动时间

20 分钟左右

🏵 活动准备

1. 资源准备

（1）准备几张中国人过春节的图片。

（2）请学生准备自己国家重要节日活动的图片。

（3）设计一张调查表，用于记录学生所在国家的重要节日的活动。调查表可参见资源 29。

2. 语言准备

教师利用班级学生上课的座次，带领学生练习表达式"量词重叠 + 动词（+ 宾语）"。例如：

教　师：在中国，最重要的传统节日是春节，我们有很多传统的活动。比如，家家都要贴春联，还有什么活动呢？（展示手中的图片，示意学生用目标表达式回答）

学生₁：家家都要吃饺子或者汤圆。

学生₂：家家都要贴"福"字。

学生₃：人人都要去拜年。

教　师：你们国家最重要的传统节日是什么？

学生₄：在美国，最重要的传统节日是圣诞节。

教　师：圣诞节你们每个家庭，每个人都会做哪些事情？

学生₄：圣诞节，美国人家家都会买圣诞树，家家都会团圆，家家都会吃火鸡，人人都会收到礼物，人人都会唱圣诞歌，人人都会说"圣诞快乐"……

教　师：在中国，春节的时候，我们还会天天聚会，天天拜年，天天吃好吃的。你们呢？

学生₄：在美国，圣诞节的时候，人们也会天天聚会，天天吃好吃的，还会天天出去玩儿……

……

🏵 活动步骤

1. 教师将学生分组,三到四人(最好是不同国别的学生)一组,给每组发一张事先准备好的调查表。

2. 小组通过问答的形式,调查组内每一个学生所在国家的传统节日都有哪些活动,请被询问的人将自己国家传统节日的活动填写进调查表中。

3. 各组调查完毕后,教师请几个不同国家的学生,用目标表达式汇报一下自己国家传统节日的活动。

动量词

语法释义

表示动作或变化次数的量词叫动量词。动量词有两类：一类是专用动量词，主要包括"次、下、回、顿、阵、场、趟、遍、番"；另一类是借用动量词，表示动作行为所凭借的工具以及人体四肢器官的名词，可以借用为动量词，例如"踢一脚""咬了一口""看了一眼"等。动量词最常见的用法是在句中做动量补语，例如"老师点了一下头""他踢了我一脚"等。

交际表达式（板书）

主语＋动词＋数词＋动量词＋名词

例句：

我要去一趟超市。

我已经读了两遍课文。

活动设计

045 讨论：学期活动计划

活动目标

学生通过讨论本学期要举办的班级活动和举办的场次，熟练掌握表达式"主语＋动词＋数词＋动量词＋名词"，学习其表示动作或变化次数的用法。

活动时间

15分钟左右

活动准备

1. 资源准备

   设计一张表格，用于记录班级学期活动计划。表格可参见资源30。

2. 语言准备

   教师以"周末活动安排"为话题，带领学生练习表达式"主语＋动词＋数词＋动量词＋名词"。例如：

   教　师：这个周末，你打算做什么？

   学生₁：我打算去看一场电影，吃一次火锅，去一趟超市。

   学生₂：我打算去一趟银行，去北京路逛一下。

   学生₃：我打算打扫一下宿舍，洗一下衣服。

   ……

活动步骤

1. 教师将学生分组，两人一组，给每组发一张事先准备好的表格。
2. 教师阐明主题：为了丰富同学们的学习生活，本学期计划组织系列活动，请大家献计献策。
3. 各组讨论本学期班级举办的活动以及举办的场次，然后填写表格。
4. 计划完成之后，教师按照语言准备阶段的问答方式，提问全班学生，请大家为本学期班级活动出主意。
5. 大家一起挑出一些比较有意义的活动，做成一个学期活动计划表，作为本班本学期的活动计划。

第六章　副　词

时间副词（"就"和"才"）

语法释义

"就"和"才"可以做状语，可以修饰时间，表示时间的早晚或者所用时间的多少。"就"和"才"用在时点后面，"就"表示说话人主观认为动作发生得早，"才"表示动作发生得晚；"就"和"才"用在时段后面，"就"表示说话人主观认为用时短，动作快，"才"表示用时长，动作慢。"就"和"才"也可以用在时间词语前面，若是时点，"就"表示说话人主观认为晚，"才"表示早；若是时段，"就"表示说话人主观认为时间长，"才"表示时间短。

交际表达式（板书）

1. **主语+时点/时段+就+动词短语**

   例句：

   我今天早上七点就到教室了。

   这本书两个小时就能看完。

2. **主语+时点/时段+才+动词短语**

   例句：

   我今天早上九点才到教室。

   从我家到学校坐车四十分钟才能到。

3. **主语＋动词短语＋就＋时点／时段**

例句：

昨天晚上我们到家就十一点了。

写这一个作业就两小时。

4. **主语＋动词短语＋才＋时点／时段**

例句：

我今天早上到学校时才七点。

坐高铁去深圳才半个小时。

活动设计

046 调查：各国大学作息时间

活动目标

学生通过调查各国大学的作息时间，熟练掌握"就"和"才"的表达式，学习时间副词"就"和"才"表示时间早晚或者用时多少的用法。

活动时间

20分钟左右

活动准备

1. 资源准备

设计一张调查表，用于调查各国大学的作息时间。调查表可参见资源31。

2. 语言准备

教师以中国大学的作息时间为例,带领学生练习"就"和"才"的表达式。例如:

教　师:中国有的大学早上8点就上课了,有的大学早上8点半才上课。你们国家呢?

学生₁:日本有的大学早上8点半就上课了,有的9点才上课。

教　师:中国有的大学中午11点半就下课了,有的12点才下课。你们国家呢?

学生₁:日本有的大学中午12点就下课了,有的12点半才下课。

教　师:中国的大学一节课45分钟,你们国家的大学呢?

学生₁:日本的大学一节课90分钟。

教　师:(带领全体学生)中国的大学一节课才45分钟,日本的大学一节课就90分钟。

……

活动步骤

1. 教师将学生分组,尽量安排两个不同国家的学生一组(如果班级学生国别比较单一,可以增加每组学生人数,尽量使各组的学生有国别差异),给每个学生发一张事先准备好的调查表。

2. 小组两人互相问答,按照语言准备阶段的问答练习方式了解对方国家的大学作息时间,然后填写表格。

3. 各组讨论完毕后,教师请几个来自不同国家的学生汇报本国大学的作息时间。

047 讨论：旅行交通工具大比拼

❀ 活动目标

学生通过查询和讨论去某个旅行目的地乘坐不同交通工具所需要的时长，熟练掌握"就"和"才"的表达式，学习"就"和"才"表示用时多少的用法。

❀ 活动时间

10 分钟左右

❀ 活动准备

1. 资源准备

设计一张表格，用于填写从北京到中国各大旅游城市乘坐各种不同的交通工具所需要的时长。表格可参见资源32。

2. 语言准备

教师以"从北京到广州旅行"为话题，带领学生练习"就"和"才"的表达式。例如：

教　师：从北京到广州旅行，可以坐普通火车，坐高铁，坐飞机，你们知道坐火车去广州需要多长时间吗？

学生$_1$：大概需要21个小时。

教　师：从北京去广州坐普通火车21个小时才能到。那坐高铁呢？

（手指表达式，示意学生使用表达式表达）

学生$_2$：坐高铁8个小时就能到。

教　师：坐高铁比坐火车快，用的时间少。那坐飞机呢？

学生$_3$：坐飞机3个小时就能到。

……

🌀 活动步骤

1. 教师将学生分组,两人一组,给每组发一张事先准备好的表格。
2. 小组两人讨论,确定两个旅行目的地,查询去这两个地方乘坐不同交通工具所需要的时间,并填写表格。
3. 各组表格填写完毕后,教师请几个学生汇报他们的旅行目的地,并按照语言准备阶段的问答练习方式提问这几个学生,请学生用目标表达式回答。

🌀 活动建议

　　这个活动也可以调查从一个城市去不同的城市、乘坐相同的交通工具所用的时长。

第六章　副词

频率副词

语法释义

频率副词"经常、常常、不常、偶尔、有时候",置于动词前表示动作行为发生的次数与频率,其中"常常"的否定形式是"不常",注意不能说"不常常"。

交际表达式(板书)

主语 + 频率副词 + 动词短语

例句:

我常常去逛街。

我不常听音乐。

周末我偶尔去电影院看电影。

活动设计

048 调查:健身达人

活动目标

学生通过调查其他人从事某项运动的频率,熟练掌握表达式"主语 + 频率副词 + 动词短语",学习其表示动作行为发生的次数与频率的用法。

活动时间

15 分钟左右

❀ 活动准备

1. 资源准备

　　设计一张表格,用于调查学生的健身频率。表格可参见资源33。

2. 语言准备

　　教师以"运动"为话题,带领学生练习表达式"主语+频率副词+动词短语"。例如:

　　教　师:你喜欢什么运动?

　　学生$_1$:我喜欢游泳。

　　教　师:你常常游泳吗?

　　学生$_1$:我夏天常常游泳,冬天不常游泳。

　　教　师:你常常做什么运动?

　　学生$_2$:我常常打乒乓球,有时候打羽毛球。

　　教　师:你打篮球吗?

　　学生$_2$:我偶尔打篮球。

　　……

❀ 活动步骤

1. 教师将学生分组,两人一组,给每个学生发一张事先准备好的表格。
2. 小组两人互相问答,根据表格中的项目询问对方运动的频率,并填写表格。
3. 各组表格填写完毕后,教师选几个学生根据表格内容,按照语言准备阶段的问答练习方式汇报他所调查的学生的运动频率。
4. 大家一起根据运动的频率,选出本班的健身达人。

❀ 活动建议

　　这个活动也可以用来练习动量补语、时量补语等。

第六章　副词

范围副词（都）

语法释义

"都"主要表示范围，用来总括它前面或后面提到的人或事物，在句法结构上主要做状语，修饰它后面的动词或形容词，表示"都"所限定的事物没有例外地发生动词所表达的行为动作或具有形容词所表示的性状。

交际表达式（板书）

主语＋都＋动词＋疑问代词

例句：

你家里都有什么人？

你都去过哪儿？

活动设计

049 调查：放假归来

活动目标

学生通过调查其他人暑假/寒假所做的事情，熟练掌握表达式"主语＋都＋动词＋疑问代词"，学习该表达式中"都"总括后面内容的用法。

活动时间

15 分钟左右

汉语语法课堂活动

🌸 活动准备

1. 资源准备

设计一张调查表，用于调查假期学生所做的事情。调查表可参见资源34。

2. 语言准备

教师以"寒假"或者"暑假"为话题，带领学生练习表达式"主语＋都＋动词＋疑问代词"。例如：

教　师：暑假你去哪儿了？

学生$_1$：暑假我回国了。

(教师板书"做什么"，示意学生用目标表达式提问)

学　生：你都做什么了？

学生$_2$：我每天看看电影，读读书，玩玩游戏，见见朋友……

(教师板书"看什么电影"，示意学生用目标表达式提问)

学　生：你都看了什么电影？

学生$_1$：我看了……

(教师板书"读什么书"，示意学生用目标表达式提问)

学　生：你都读了什么书？

学生$_1$：我读了……

(教师板书"见哪些人"，示意学生用目标表达式提问)

学　生：回国后你都见了哪些人？

学生$_1$：我见了……

🌸 活动步骤

1. 教师将学生分组，两人一组，给每组发一张事先准备好的调查表。

2. 小组两人互相问答，询问对方暑假/寒假所做的事情，并把相关信息填写进表格中。

3. 各组表格填写完毕后,教师选几组学生,按照语言准备阶段的问答练习方式表演对话。

❁ **活动建议**

这个活动也可以用来练习动词重叠。

有点儿、一点儿

语法释义

"有点儿"是副词,"一点儿"是数量词。"有点儿"用在形容词前表示程度不高,多用于不如意、不符合需要的情况。"一点儿"可以用在名词前,表示数量少;也可以用在形容词后做补语,表示程度,意思是"略微",多用于符合说话人需要的情况。

交际表达式(板书)

1. **主语 + 有点儿 + 形容词 / 心理动词**

   例句:

   这套房子有点儿小。(不符合说话人的要求,不喜欢,不满意)

   我有点儿讨厌这个气味。

2. **主语 + 形容词 / 动词 + 一点儿**

   例句:

   这个卧室大一点儿。(符合说话人的要求,适合自己)

   地板上有水,你注意一点儿。

3. **主语 + 动词 + 形容词 + 一点儿 + 的(+ 名词)**

   例句:

   我想找一个便宜一点儿的房子。(符合说话人需要的)

   我喜欢客厅大一点儿的房子。

活动设计

050 角色扮演：租房

活动目标

学生模拟在中介公司租房的情景，从几个房源中挑出自己满意的房子，通过这个角色扮演的活动熟练掌握表达式"主语＋有点儿＋形容词/心理动词""主语＋形容词/动词＋一点儿"和"主语＋动词＋形容词＋一点儿＋的（＋名词）"，学习这三种表达式表示程度不高的用法，了解"有点儿"和"一点儿"语义上的差异。

活动时间

20 分钟左右

活动准备

1. 资源准备

准备几套大小不一的公寓平面图，并注明这几套公寓的面积、租金、房龄、离学校的距离、周边交通情况等信息。

2. 语言准备

教师利用一张事先准备好的公寓平面图，带领学生练习表达式"主语＋有点儿＋形容词/心理动词""主语＋形容词/动词＋一点儿"和"主语＋动词＋形容词＋一点儿＋的（＋名词）"。例如：

教　师：这套房子离学校两公里，你觉得怎么样？

学生$_1$：我觉得有点儿远。我想要近一点儿的。

教　师：这套房子离学校 500 米，你觉得怎么样？

学生$_1$：这套房子近一点儿，我觉得不错。

教　师：这套房子有两个卧室，你觉得怎么样？

学生₂：这套房子有点儿大，我想要小一点儿的。

教　师：这套房子有一个卧室，你觉得怎么样？

学生₂：这套房子小一点儿，我觉得很合适。

教　师：这套房子每月7000块，你觉得怎么样？

学生₃：这套房子有点儿贵，我想要便宜一点儿的。

教　师：这套房子每月4000块，你觉得怎么样？

学生₃：这套房子便宜一点儿，我觉得挺好的。

……

❀ 活动步骤

1. 教师将学生分组，两到三人一组，一个人扮演房屋中介，其他人扮演租客。
2. 租客到中介公司询问房源信息，房屋中介按照事先准备好的公寓平面图向租客介绍房源情况。
3. 租客要用"有点儿"挑出房子的毛病，并用"一点儿"向房屋中介表达自己想要的房子。
4. 租客比较后挑选一套自己满意的房子，如果达不成协议，请向房屋中介说明自己想让中介帮忙继续找什么样的房子。
5. 教师请几组学生轮流上台表演。

051 调查：我给市长提建议

❀ 活动目标

学生调查本市存在的一些有待改进的地方，并对这些地方提出改进的建议，通过这个调查活动熟练掌握表达式"主语＋有点儿＋形容词/心理动词"和"主语+形容词/动词+一点儿",学习这两种表达式表示程度不高的用法,了解"有点儿"和"一点儿"语义上的差异。

活动时间

20分钟左右

活动准备

1. 资源准备

下载一些反映市民日常生活中常见问题的图片,例如:拥挤的地铁、肮脏的路面等。

2. 语言准备

教师以本市市民日常生活中的常见问题为例,带领学生练习表达式"主语+有点儿+形容词/心理动词"和"主语+形容词/动词+一点儿"。例如:

教　师:广州的公共汽车怎么样?

学生₁:公共汽车有点儿慢。

教　师:你希望广州的公共汽车是什么样的?

学生₁:我希望广州的公共汽车快一点儿。

教　师:广州的地铁怎么样?

学生₂:广州的地铁有点儿挤,我希望广州的地铁人少一点儿。

教　师:广州的物价怎么样?

学生₃:广州的物价有点儿高,我希望物价低一点儿。

……

活动步骤

1. 教师将学生分组,两到四人一组。

2. 教师提前布置活动任务,请各组拍摄一些本市令人不太满意的地方的照片,并提出自己的改进建议,做成PPT。

3. 上课时,请各组分别汇报本组调查的情况,用表达式"主语+有点儿+形容词/心理动词"指出问题,并用表达式"主语+形容词/动词+一点儿"提出改进的建议。

活动建议

教师可以根据学生的汉语水平酌情更换讨论的主题,例如:我们的学校、我们的宿舍等。

第七章 介 词

介词（表处所、方向）

语法释义

常用的表示处所或者方向的介词有"在、从、向、朝、往、顺着、沿着"等。介词要与后面的名词构成介词短语，在句中主要做状语，也可以做补语。

交际表达式（板书）

1. **介词短语＋动词（短语）**

    例句：

    从这里一直往前走。

    顺着/沿着这条路往前走100米。

2. **动词＋介词短语**

    例句：

    请把这本书放在桌子上。

    坐在沙发上。

活动设计

052 角色扮演：问路

❀ 活动目标

学生轮流扮演问路人和指路人，利用学校平面地图描述去校内某个地方的路线，通过这个角色扮演的活动熟练掌握表达式"介词短语＋

动词（短语）"和"动词 + 介词短语"，学习使用表示处所或方向的介词短语确定位置的用法。

活动时间

20 分钟左右

活动准备

1. 资源准备

准备一张本校的平面地图。

2. 语言准备

教师利用学校的标志性建筑，带领学生练习表达式"介词短语 + 动词（短语）"和"动词 + 介词短语"。例如：

教　师：从我们学院到银行怎么走？

学生$_1$：顺着玉兰路一直往前走。走到第二个十字路口，往右拐，一直往前走，看到一个湖，右边就是。

教　师：从学校门口去图书馆怎么走？

学生$_2$：从学校门口往右拐，往前走 500 米，在第一个路口往左拐，沿着那条路走到头儿，右边就是图书馆。

活动步骤

1. 教师将学生分组，两人一组，给每组发一张事先准备好的学校平面地图。
2. 小组两人，一人扮演问路的人，一人扮演指路的人。问路人在地图上随便找一个校内的地点作为出发点，再从地图上随便找一个地点作为目的地，请指路人描述从出发点去目的地怎么走。
3. 两人互换角色，方法同步骤 2。
4. 教师请几组学生到前面汇报表演。

第七章　介　词

介词（除了）

语法释义

　　介词"除了"表示"不算在内"的意思，也常常说成"除""除开""除去"，最常用的是"除了"，常与"外""以外""之外"等搭配使用，构成"除了……以外／之外／外"格式。根据后面句子的不同，这种格式又可以分为"排除式"和"包容式"两种。排除式的后一分句用"都""全"与之呼应，一般排除的是"除了"后面的特殊的事物。"包容式"的后一分句用"也""还""又"等与之呼应，有补充的作用，即"也""还""又"后边的事物补充"除了"后边的事物。

交际表达式（板书）

1. **除了……（以外／之外），都／全……**（排除式）

   例句：

   留学生宿舍除了有点儿贵以外，其他各方面都很好。

   除了大卫，其余的人全到了。

2. **除了……（以外／之外），也／还／又……**（包含式）

   例句：

   一个人除了自己要努力，也需要有朋友的帮助。

   这些书，除了我的，还有我同屋的。

活动设计

053 调查:个人喜好

活动目标

学生通过调查大家的兴趣爱好,熟练掌握表达式"除了……(以外/之外),都/全……"和"除了……(以外/之外),也/还/又……",学习这两种表达式分别表达"排除"和"包容"的不同用法。

活动时间

25 分钟左右

活动准备

1. 资源准备

设计一张个人喜好调查问卷,从日常生活常见的几个方面询问学生的好恶。调查问卷可参见资源 35。

2. 语言准备

教师以学生的饮食好恶为例,带领学生练习表达式"除了……(以外/之外),都/全……"和"除了……(以外/之外),也/还/又……"。例如:

教 师:你喜欢吃中国菜吗?

学生₁:喜欢。

教 师:中国菜里面你有没有不喜欢吃的东西?

学生₁:有。我不喜欢吃香菜。

教 师:除了香菜,还有别的你不喜欢吃的吗?

学生₁:除了香菜,我还不喜欢吃臭豆腐。

教 师:除了香菜和臭豆腐,你还有不喜欢吃的东西吗?

学生₁：没有了。除了香菜和臭豆腐，我什么都喜欢吃。

……

教　师：中国菜有很多种，有广东菜、四川菜、湖南菜等，你喜欢吃什么菜？

学生₂：我喜欢吃四川菜。

教　师：除了四川菜，你还喜欢吃什么菜？

学生₂：除了四川菜，我还/也喜欢吃湖南菜。

教　师：哦，你喜欢吃辣，对吗？除了辣的，你还喜欢吃什么样的菜？

学生₂：除了辣的，我还喜欢吃酸的。

教　师：除了辣的和酸的，你还喜欢别的口味吗？

学生₂：除了辣的和酸的，别的我都不喜欢。

……

活动步骤

1. 教师将全班学生分成A、B两组，给每个学生发一张个人喜好调查问卷，请学生选择并填写自己的兴趣爱好。
2. 学生填写完毕后，教师分别收回A、B两组的调查问卷。
3. 请A组第一个学生从B组调查问卷中抽取一张，然后使用表达式"除了……（以外/之外），都/全……"和"除了……（以外/之外），也/还/又……"汇报这张调查问卷的结果。A组第一个学生汇报完毕，请A组第二个学生汇报，直至A组学生依次汇报完B组每个学生的调查问卷的结果。
4. 请B组学生依次抽取A组学生的调查问卷并汇报调查结果，直到汇报完A组每个学生的调查结果。

054 调查：旅游经历

❀ 活动目标

学生通过调查其他人的旅游经历，熟练掌握表达式"除了……（以外/之外），都/全……"和"除了……（以外/之外），也/还/又……"，学习这两种表达式分别表达"排除"和"包容"的不同用法。

❀ 活动时间

25 分钟左右

❀ 活动准备

1. 资源准备

设计一张旅游经历调查表，用于调查学生曾经去过的旅游地和景点。调查表可参见资源 36。

2. 语言准备

教师以某个学生的旅游经历为例，带领学生练习表达式"除了……（以外/之外），都/全……"和"除了……（以外/之外），也/还/又……"。例如：

教　师：你去哪些地方旅游过？

学生₁：我去过北京、西安、成都……

教　师：你在北京去过哪些景点？

学生₁：我去过颐和园。

教　师：除了颐和园，在北京你还去过哪些景点？

学生₁：除了颐和园，我还去过长城、故宫。

教　师：除了这三个景点，你还去过北京的其他景点吗？

学生₁：除了这三个景点，别的景点我都没去过。

……

第七章　介 词

🌸 活动步骤

1. 活动前一天教师利用 PPT 给学生展示旅游经历调查表，请学生提前回去查阅自己去过的旅游地和景点的汉语名称，并记录下来。教师提醒学生下载景点的图片放在手机里，以便活动时向采访者展示和说明。
2. 活动前教师给每个学生发一张旅游经历调查表。
3. 学生手持调查表，在班上随意调查一个学生，根据语言准备阶段的问答方式逐一询问调查表上的问题，并记录在调查表中。
4. 教师请几个学生根据调查结果，使用目标表达式"除了……（以外/之外），都……"和"除了……（以外/之外），也/还/又……"向全班汇报。
5. 教师以几个热门旅游地为例，带领全班学生用目标表达式"除了……（以外/之外），都……"和"除了……（以外/之外），也/还/又……"总结学生的旅游经历。

第八章 助词

结构助词"的"("的"字短语)

语法释义

"的"是结构助词,连接定语和中心语。也可以用在名词、代词、形容词、动词和主谓短语等词后面,构成"的"字短语。"的"字短语具有限制、指别作用,功能相当于一个名词,在句中充任主语、宾语。

交际表达式(板书)

1. "的"字短语 + 谓语

   例句:

   短的是我的。

   红色的比较贵。

2. 主语 + 动词 + "的"字短语

   例句:

   这条裙子是我的。

   我要黑的。

活动设计

055 讨论:网购衬衫

活动目标

学生使用购物软件商量购买什么样的衬衫,通过这个讨论活动熟练掌握表达式"'的'字短语＋谓语"和"主语＋动词＋'的'字短语"，学习这两种表达式表示限制、指别的用法。

❀ 活动时间

15 分钟左右

❀ 活动准备

1. 资源准备

（1）下载一些不同款式、颜色、价格、面料、图案的衬衫图片，并在图片上标明各种特征，例如：短袖、长袖，圆领、翻领，纯棉、真丝，纯色、条纹、波点，等等。

（2）设计一张调查表，用于填写衬衫的各种特征。调查表可参见资源 37。

2. 语言准备

教师利用事先准备好的图片，带领学生练习表达式"'的'字短语＋谓语"和"主语＋动词＋'的'字短语"。例如：

教　师：你想买什么样的衬衫？长袖的还是短袖的？

学　生：我想买短袖的。

教　师：你喜欢什么颜色的？

学　生：我喜欢蓝色的。

教　师：蓝色的多少钱？

学　生：蓝色的一百八十块一件。

……

❀ 活动步骤

1. 教师将学生分组，两人一组，给每个人发一张调查表。

2. 小组两人一起商量后,从网上各自挑选一件喜欢的衬衫,并把衬衫的各项特征填写进表格中。

3. 两人填写完毕后,用目标表达式总结一下,各自挑选了一件什么样的衬衫。

4. 教师请几个学生到前面来汇报他们小组两人各挑选了一件什么样的衬衫。

056 调查:手机参数调查

活动目标

学生通过调查大家使用的手机的品牌及参数,熟练掌握表达式"'的'字短语+谓语"和"主语+动词+'的'字短语",学习这两种表达式表示限制、指别的用法。

活动时间

20分钟左右

活动准备

1. 资源准备

设计一张调查表,用于填写手机的各项参数。调查表可参见资源38。

2. 语言准备

教师以一个学生的手机为例,带领学生练习表达式"'的'字短语+谓语"和"主语+动词+'的'字短语"。例如:

教 师:你的手机是什么牌子的?

学 生:我的手机是华为的。

教　师：你的手机是什么型号的？

学　生：我的手机是 Mate30。

教　师：你的手机内存是多大的？

学　生：我的手机是 128G 的。

教　师：华为手机是什么操作系统？

学　生：华为手机是安卓系统的。

教　师：你的手机像素是多大的？

学　生：我的手机像素是 4000 万的。

教　师：你的手机是什么颜色的？

学　生：我的手机是黑色的。

老　师：华为的好用不好用？

学　生：很好用。

老　师：华为的贵不贵？

学　生：有的贵，有的便宜。

……

活动步骤

1. 教师给每个学生发一张调查表。
2. 学生在班里随意调查一个同学，按照语言准备阶段的问答方式，询问被采访对象使用的手机的各项参数，并记录在调查表中。
3. 教师请几个学生使用目标表达式汇报其采访对象的手机情况。

活动建议

　　这个活动会使用到一些较难的词语，教师可以在语言准备阶段，以自己的手机为例，展示手机的各项参数，给每个参数名称注音，并带领学生用目标表达式进行练习，然后再进行语言准备阶段的操练。

汉语语法课堂活动

动态助词"着"（表持续）

活动目标

动态助词"着"可以表示状态的持续，可以用于存在句，描写处所存在的人和物以及人的外貌、衣着打扮；也可以用于连动句的第一个动词后，表示动作在持续，第一个动词表示第二个动词的方式或状态，第二个动词是第一个动词的原因和目的。

交际表达式（板书）

1. **主语/处所＋动词＋着＋名词短语**

   例句：

   他戴着一顶黑色的帽子。

   她长着一双大眼睛。

   桌子上放着一本书。

2. **主语＋形容词/动词＋着＋动词短语**

   例句：

   大家都在忙着复习考试。

   毕业前，大家都在急着找工作。

活动设计

057 角色扮演：寻人启事

❀ **活动目标**

学生模拟报案人向警察描述失踪人员的外貌特征的情景，并在此基础上写一则寻人启事，通过这个角色扮演的活动熟练掌握表达式"主语＋动词＋着＋名词短语"，学习其描写人物的穿着、打扮、长相的用法。

❀ 活动时间

15 分钟左右

❀ 活动准备

1. 资源准备

下载两张人物照片，例如：全身装备齐全的登山运动员，脸部细节很清楚的人物近照等。

2. 语言准备

教师利用事先准备好的图片，带领学生练习表达式"主语＋动词＋着＋名词短语"。例如：

（第一张图片）

教　师：他头上戴着什么？

学生$_1$：他头上戴着一顶黑色的太阳帽。

教　师：他脸上戴着什么？

学生$_2$：他脸上戴着一副墨镜。

教　师：他穿着什么样的上衣？

学生$_3$：他穿着一件绿色的长袖 T 恤。

教　师：他穿着一条什么样的裤子？

学生$_4$：他穿着一条黑色的长裤。

教　师：他穿着一双什么样的鞋？

学生$_5$：他穿着一双棕色的登山鞋。

教　师：他手里拿着什么？

学生$_6$：他手里拿着一根红色的登山杖。

……

(第二张图片)

教　师：她长什么样？

学生$_1$：她长着一双大眼睛。

学生$_2$：她长着双眼皮。

学生$_3$：她留着长头发。

学生$_4$：她下巴上长着一颗痣。

……

活动步骤

1. 教师将学生分组，两人一组，一个人扮演警察，一个人扮演报案人。
2. 教师展示事先准备好的一张人物图片，让学生观察，然后请扮演报案人的学生向扮演警察的学生报案，报案人向警察详细描述失踪人物的长相和衣着打扮。
3. 教师请几组学生到前面来表演。
4. 表演后，教师点评，纠正不恰当的"着"的用法，并提醒学生注意一些可用而没用"着"表述的地方，请学生用目标表达式表述出来。
5. 教师给学生布置作业，请学生以展示的图片为参照，用目标表达式写一则寻人启事。下一次课上交作业。教师修改后，请学生用统一的稿纸再重写一遍这则寻人启事，并在稿纸上附上"失踪人物"的图片，教师将学生的作品张贴在教室里的作业展示栏，供大家互相学习。

第八章　助　词

058 讨论：客厅样板间

❁ 活动目标

学生描述自己喜欢的客厅样板间的摆设，通过这个讨论活动熟练掌握表达式"处所＋动词＋着＋名词短语"，学习其表示"存在"的意义和用法。

❁ 活动时间

15 分钟左右

❁ 活动准备

1. 资源准备

在网上下载几张客厅样板间的实景图。

2. 语言准备

教师利用一张客厅样板间的图片，带领学生练习表达式"处所＋动词＋着＋名词短语"。例如：

教　师：客厅里有什么？

学生$_1$：客厅中间有一张黑色的茶几。

教　师：用"着"怎么说？

学生$_1$：客厅中间放着一张黑色的茶几。

教　师：茶几上边摆着什么？

学生$_2$：茶几上边摆着一瓶花。

……

❁ 活动步骤

1. 教师将学生分组，两人一组，每个人从教师展示的客厅样板间图片中选择自己最喜欢的一个客厅。

2. 选好后,小组两人互相讨论,分别用目标表达式向对方描述自己所选的客厅样板间的陈设。

3. 描述完后,教师请几个学生到前面来汇报他们所喜欢的客厅样板间的陈设。

4. 教师在所有的学生都汇报完毕后,选择一张样板间图片,带领大家一一把陈设用目标表达式描述出来。

059 讨论:毕业前夕

活动目标

学生描述毕业前夕毕业生的学习和生活状态,通过这个讨论活动熟练掌握表达式"主语+形容词/动词+着+动词短语",学习该连动句表达式的前一动词表示后一动词的方式或者状态,而后一动词则表示前一动词的原因或者目的的意义和用法。

活动时间

15分钟左右

活动准备

1. 资源准备

(1) 下载几张毕业生毕业前夕常见活动的图片,例如:找工作,写论文,答辩,聚会,旅行,收拾行李等。

(2) 设计一张表格,用于填写毕业前夕毕业生的状态。表格可参见资源39。

2. 语言准备

教师利用事先准备好的图片,带领学生练习表达式"主语+形容词/动词+着+动词短语"。例如:

教　师：毕业前学生们都忙着做什么？

学生₁：学生们都忙着找工作。

学生₂：学生们都忙着写毕业论文。

学生₃：学生们都忙着参加各种聚会。

……

教　师：找工作时，大家都忙着做哪些事情？

学生₁：学生都忙着制作简历。

教　师：制作完简历后，学生忙着做什么？

学生₂：学生忙着到处投简历。

……

❀ 活动步骤

1. 教师将学生分组，三到四人一组，给每组发一张表格。

2. 小组几人一起讨论毕业前夕学生们的学习和生活状态，例如：他们忙着做什么，急着做什么，等等。注意使用目标表达式进行细致的描述，并由一个学生负责填写表格。

3. 小组讨论完毕后，教师请每组派一个代表，使用目标表达式汇报他们的讨论结果，看哪个小组说出的符合要求的句子多，说得最多的小组获胜。

4. 所有的小组汇报完毕后，一些学生用得少、回避用、用得不熟练或者没有用到目标表达式的情境，教师可以继续启发，带领学生说出目标表达式，例如：毕业前夕学生可能会"闹着做什么"。

汉语语法课堂活动

语气助词"了"(表变化)

语法释义

语气助词"了"用在句子的末尾,有表语气的作用,表示事物的性质、状态发生了某种变化,常常用于表示时间、季节、年龄、数量等有规律的变化。

交际表达式(板书)

1. (主语+)动词短语+了

   例句:

   下雨了。

   我起床了。

2. (主语+)形容词+了

   例句:

   天气冷了。

   他的脸红了。

3. (主语+)时间/季节/年龄/数量+了

   例句:

   他二十岁了。

   (现在)三点半了。

第八章　助　词

活动设计

060 抢答游戏：今昔对比

❀ 活动目标

学生以抢答的形式描述图片中人物的变化，通过这个游戏熟练掌握表达式"(主语+)动词短语+了""(主语+)形容词+了"和"(主语+)时间/季节/年龄/数量+了"，学习这些表达式表示变化的意义。

❀ 活动时间

15 分钟左右

❀ 活动准备

1. 资源准备

下载两组名人年轻时（或小时候）和现在的图片，并在图片上标注在图上看不到的信息，例如：年龄、学业、工作、婚姻等情况，用于描述他们现在的变化。

2. 语言准备

教师按照班级学生上课的座次提问，带领学生练习表达式"(主语+)动词+了""(主语+)形容词+了"和"(主语+)时间/季节/年龄/数量+了"。例如：

教　师：第一张图片和第二张图片，有什么不同？

学生₁：第一张图片，她才两岁，现在她十岁了。

学生₂：那时候她胖胖的，现在瘦了。

学生₃：那时她没上学，现在是小学生了。

……

活动步骤

1. 教师将全班学生分成两组,进行抢答比赛。
2. 教师展示同一人物过去和现在的两张图片,请学生说说此人现在和以前相比有什么变化,并用目标表达式表达出来。
3. 两组抢答,哪组说出的正确的句子多,哪组获胜。
4. 最后教师引导学生用目标表达式说出一些学生没有注意到的细节变化。

061 调查:季节变化

活动目标

学生通过调查同伴所在城市一年中不同季节天气、风景、人物和动物活动的变化,熟练掌握表达式"(主语+)动词短语+了""(主语+)形容词+了"和"(主语+)时间/季节/年龄/数量+了",了解它们表示变化的意义。

活动时间

10分钟左右

活动准备

1. 资源准备

(1) 准备春、夏、秋、冬四个季节的风景图。

(2) 设计一张调查表,用于填写各国不同季节天气、风景、人物和动物活动的变化。调查表可参见资源40。

2. 语言准备

教师利用四季风景图,带领学生练习表达式"(主语+)动词短语+了""(主语+)形容词+了"和"(主语+)时间/季节/年龄/数量+了"。例如:

教　师：中国的北方一年有几个季节？

学　生：四个季节，春、夏、秋、冬。

教　师：春天了，天气会有什么变化？

学生$_1$：春天了，天气暖和了。

教　师：春天了，风景会有什么变化？

学生$_2$：春天了，树叶绿了。

学生$_3$：春天了，花开了。

……

教　师：春天了，人们会有什么变化？

学生$_4$：春天了，人们穿的衣服少了。

学生$_5$：春天了，人们可以去郊游了。

……

教　师：春天了，动物会有什么变化？

学生$_6$：春天了，燕子飞回北方了。

学生$_7$：春天了，冬眠的动物苏醒了。

……

❀ 活动步骤

1. 教师将学生分组，两人一组，最好是不同国别的学生一组，给每个学生发一张调查表。
2. 小组两人互相询问对方所在城市一年中不同季节天气、风景、人物和动物活动的变化，被调查者用目标表达式回答，调查者负责记录在调查表中。
3. 小组调查完毕后，教师请几个学生到前面来汇报一下他们调查的学生所在城市的季节变化情况。

动态助词"了"

语法释义

动态助词"了"表示动作行为的发生和状态的出现,用在动词和形容词的后边。

交际表达式(板书)

1. **主语+动词+了+数词+量词+名词**
   例句:
   我喝了一瓶啤酒。
   我逛了两次街。

2. **主语+动词+了+定语+名词**
   例句:
   我买了南方航空公司的机票。
   她去了别的地方。

3. **主语+动词+了+时间段(+名词)**
   主语+动词+了+代词+时间段
   例句:
   我看了一个小时电视。
   我照顾了她两年。
   (以上3种表达式中的"了"表示动作或者事件结束了)

4. **主语+动词+了$_1$+时间段+了$_2$**
   主语+动词+了$_1$+代词+时间段+了$_2$
   (以上表达式中的"了$_1$"是动态助词的用法,"了$_2$"表示动作或者

事件还要持续)

例句:

我看了一个小时电视了。

我照顾了她两年了。

活动设计

062 调查:你是月光族吗

❀ 活动目标

学生通过调查其他人上个月具体的花销情况,熟练掌握表达式"主语+动词+了+数词+量词+名词",学习"了"表示动作或事件结束的意义。

❀ 活动时间

20分钟左右

❀ 活动准备

1. 资源准备

(1)在课前准备一些服装、日用品、娱乐活动(例如:看电影、溜冰、唱卡拉OK、在餐馆吃饭)等方面的图片。

(2)设计一张记账单,用于记录学生一个月的各项花销。记账单可参见资源41。

2. 语言准备

教师利用事先准备的图片,带领学生练习表达式"主语+动词+了+数词+量词+名词"。例如:

教 师:这个星期你去超市购物了吗?你去了几次?

学生₁：去了。我去了一次。

教　师：你在超市买了哪些商品?

学生₁：我买了一瓶洗发水、一些蔬菜和水果。

教　师：你花了多少钱?

学生₁：我花了200块左右。

……

教　师：这个星期你在哪些方面花了很多钱?

学生₂：我去看了一场电影，花了一百多块。

学生₃：我去饭馆吃了两次饭，一共花了三百多块。

……

活动步骤

1. 教师将学生分组，两人一组，给每人发一张记账单。
2. 每个人根据自己的情况，回想上个月花了多少钱，是怎么花的，买了哪些东西，填写进记账单中。
3. 填完之后，小组两人互相询问对方上个月大概花了多少钱，在哪些方面消费了，买了哪些东西。
4. 请几组学生到前面进行汇报表演。

063 调查：旅途中

活动目标

学生通过调查同伴最近一次来中国的旅途中做了哪些事，分别持续多长时间，熟练掌握表达式"主语 + 动词 + 了 + 数词 + 量词 + 名词"和"主语 + 动词 + 了 + 时间段（+ 名词）"，学习"了"表示动作或事件结束的意义。

第八章　助词

❀ 活动时间

15 分钟左右

❀ 活动准备

1. 资源准备

设计一张调查表，用于填写旅途中学生所做的事及持续的时间。调查表可参见书后资源 42。

2. 语言准备

教师以某个学生最近一次来中国的旅途中的情况为例，带领学生练习表达式"主语＋动词＋了＋数词＋量词＋名词"和"主语＋动词＋了＋时间段（＋名词）"。例如：

教　师：你最近一次来中国时，你坐了多长时间的飞机？

学　生：我坐了十个小时飞机。

教　师：你在飞机上吃了几次饭？

学　生：我在飞机上吃了两次饭。

教　师：你看了多长时间的电视？

学　生：我看了四个小时电视。

教　师：你看了什么节目？

学　生：我看了两个电影。

教　师：你看了什么电影？

学　生：我看了……

教　师：你睡了多长时间的觉？

学　生：我睡了四个小时觉。

教　师：你在飞机上还做什么了？

学　生：我还看书了。

教　师：你看了什么书？

学　生：我看了一本小说。

教　师：你看了多长时间书？

学　生：我看了两个小时书。

……

活动步骤

1. 教师将学生分组，两到三人一组，给每组发一张调查表。
2. 小组几人按照表格中的内容，互相询问最近一次来中国的旅途中做了什么事，分别持续多长时间。如果是两个人一组，问的人负责填写表格；如果是三个人一组，两个人对话，第三个人负责记录在表格中。
3. 各组调查完毕后，教师请每组派一个学生，用目标表达式汇报一下他们小组每个成员的情况。
4. 学生汇报时，教师把不规范的句子记录下来，最后带领学生一起说出正确的句子。

064 游戏：囊中探物

活动目标

学生通过表述自己从盒子中拿到了什么物品，熟练掌握表达式"主语＋动词＋了＋定语＋名词"，学习其表示区别的意义。

活动时间

10分钟左右

活动准备

1. 资源准备

（1）活动前搜集一些学生的笔。

（2）准备一些名字贴，在上面分别写好全班学生的名字，并贴在收集到的学生的物件上。

（3）准备一个鞋盒子。

2. 语言准备

教师利用收集的笔和鞋盒子，带领学生练习表达式"主语＋动词＋了＋定语＋名词"。例如：

(教师把笔放进鞋盒子中，然后随意从鞋盒子里拿笔，每次拿一支)

教　师：老师拿了谁的笔？

学生$_1$：老师拿了大卫的笔。

(教师再摸一支笔)

教　师：老师拿了谁的笔？

学生$_2$：老师拿了山本的笔。

……

活动步骤

教师拿着鞋盒子，请全班学生依次从鞋盒子里拿一支笔，然后根据笔上的名字使用目标表达式说出他们拿到了谁的笔。

065 调查：最耐用的手机

活动目标

学生通过调查大家使用过的各种品牌手机的使用年限，总结出最耐用的手机品牌，熟练掌握表达式"主语＋动词＋了＋时间段（＋名词）"和"主语+动词+了$_1$+时间段+了$_2$",学习它们表达动作行为持续一定时间的意义和用法,并了解了$_1$和了$_2$的不同意义。

❀ 活动时间

25 分钟左右

❀ 活动准备

1. 资源准备

（1）设计一个简单的调查表,列出常见的手机品牌名称。调查表可参见资源 43。

（2）教师准备几张自己曾经使用过的手机图片,在语言准备阶段使用。

2. 语言准备

教师利用事先准备好的手机图片和自己正在用的手机,先介绍自己正在用的和曾经用过的手机,然后带领学生练习表达式"主语+动词+了+时间段（+名词）"和"主语+动词+了$_1$+时间段+了$_2$"。例如：

教　师：我现在用的是（手机品牌）,这个手机我用了快两年了。
　　　　我用的上一个手机是（手机品牌）,那个手机我用了三年。

教　师：你现在用什么手机？你用了多长时间了？

学生$_1$：我现在用（手机品牌）。我用了快一年了。

教　师：你以前还用过什么手机？

学生$_1$：我以前还用过（手机品牌）和（手机品牌）。

教　师：（手机品牌）你用了多长时间？

学生$_1$：（手机品牌）我用了两年。

……

活动步骤

1. 教师把全班学生分组,每组四到五人,给每组发一张调查表。

2. 小组每个人依次介绍自己用过的手机是什么品牌,曾经用了多长时间,现在正在使用的手机是什么品牌,已经用了多长时间了,介绍的人将情况记录在调查表中。

3. 各组总结一下:本组学生使用的手机中,平均使用年限最长的是哪些手机品牌。

4. 教师从各组选一个代表,汇报一下各组调查的手机品牌的平均使用年限,以及平均使用年限最长的手机品牌是哪个。

5. 各组汇报完毕后,教师带领学生一起总结平均使用年限最长的手机是什么品牌。

活动建议

这个活动也可以用来练习时量补语或者动态助词"过"。

066 调查:最火的电子游戏

活动目标

学生通过调查其他学生玩过的游戏以及持续的时间,熟练掌握表达式"主语+动词+了+时间段(+名词)"和"主语+动词+$了_1$+时间段+$了_2$",学习它们表达动作行为持续一定时间的意义和用法,并特别注意表达式中句尾"$了_2$"的意义。

活动时间

20分钟左右

活动准备

1. 资源准备

　　设计一张电子游戏调查表。调查表可参见资源44。

2. 语言准备

　　教师带领学生练习目标表达式。例如：

　　教　师：你玩过游戏吗？

　　学生₁：玩过。

　　教　师：你玩过哪些游戏？

　　学生₁：我玩过（游戏名称）。

　　教　师：（游戏名称）你玩了多长时间？

　　学生₁：（游戏名称）我玩了一年多。

　　教　师：你现在玩什么游戏？

　　学生₁：我现在玩（游戏名称）。

　　教　师：这个游戏你玩了多长时间了？

　　学生₁：我玩了半年了。

　　教　师：你玩的时间最长的游戏是什么？玩了多长时间？现在还在玩吗？

　　学生₁：我玩的最长的游戏是（游戏名称），我已经玩了两年了。

　　……

活动步骤

1. 教师把学生分组，每组四到五人，给每组发一张调查表。

2. 小组几人互相询问曾经玩过及正在玩的游戏，分别玩了多长时间，把情况填写进调查表中。调查时A问B，C负责记录在表格中；然后B问C，D负责记录；按照这种方式依次调查，直到本组所有学生都调查完毕。

3. 调查完毕后，各组学生总结一下，本组学生最常玩的游戏是哪几个，每个游戏本组学生分别玩了多长时间。
4. 教师从各组选一个代表，汇报一下各组的调查结果，哪个游戏最火，他们组的成员玩这个游戏分别玩了多长时间。
5. 各组汇报完毕后，教师带领学生一起总结最火的游戏是什么。

活动建议

这个活动也可以练习时量补语或者动态助词"过"。

汉语语法课堂活动

动态助词（过）

语法释义

动词加上动态助词"过"表示曾经发生某一动作或者存在某一状态，但是该动作现在已经不再进行了，或该状态已不再存在，表示一种过去的经历。

交际表达式（板书）

主语＋动词＋过＋名词

例句：

我去过上海。

他学过德语。

活动设计

067 调查：名人传

活动目标

学生通过调查某个名人的事迹和履历，熟练掌握表达式"主语＋动词＋过＋名词"，学习其表示过去的经历的用法。

活动时间

15分钟左右

活动准备

1. 资源准备

设计一张调查表，用于调查学生喜欢的一位名人，例如：上过什么大学，做过什么工作，从事过什么社会活动，去过什么地方，等等。调查表可参见资源45。

2. 语言准备

教师在学生展开调查任务前，以学生喜爱的明星为例，带领学生练习表达式"主语＋动词＋过＋名词"。例如：

教　师：你最喜欢哪个中国演员？

学生$_1$：我最喜欢成龙。

教　师：他演过什么电影？

学生$_1$：他演过（电影名称）。

教　师：他演过电视剧吗？

学生$_1$：他没演过电视剧。

教　师：他唱过歌吗？

学生$_1$：他唱过歌。

教　师：他唱过什么歌？

学生$_1$：他唱过（歌曲名称）。

教　师：他得过奖吗？

学生$_1$：他得过奖。

教　师：他得过什么奖？

学生$_1$：他得过（获奖名称）。

……

❁ 活动步骤

1. 教师在活动前一两天给每个学生发一张调查表，并提前布置调查任务。任务如下：

（1）请学生利用课余时间调查一位自己喜欢的名人的事迹、履历，然后进行总结，例如：上过什么大学，做过什么工作，从事过什么社会活动，去过什么地方，等等，并用目标表达式填写调查表。

（2）请学生搜索与名人的经历相关的图片，将自己的调查制作成PPT，以便下一次上课时进行汇报。

2. 教师请学生一边展示PPT，一边使用目标表达式汇报他们调查的名人。

第九章 补语

结果补语

语法释义

结果补语主要表示动作或状态的结果——引起动作施事和受事的状态发生变化。有的结果补语还表示对动作的评价、判断、说明。结果补语多由动词或形容词充当。结果补语语义指向可以是受事、施事，也可以是谓语动词。

交际表达式（板书）

1. **主语 + 动词 + 结果补语 + 名词**

   例句：

   他吃完饭了。

   她哭红了眼睛。

2. **主语 + 把 + 名词 + 动词 + 结果补语**

   例句：

   他把饭吃完了。

   我把东西寄回家。

3. **名词（受事）(+ 被) + 名词 / 代词（施事）+ 动词 + 结果补语**

   例句：

   杯子被他打碎了。

   手机被小偷偷走了。

汉语语法课堂活动

活动设计

068 角色扮演：长途旅行前

活动目标

学生讨论为长途旅行应该做哪些准备，通过这个角色扮演的活动熟练掌握表达式"主语＋动词＋结果补语＋名词"和"主语＋把＋名词＋动词＋结果补语"，学习它们描述动作行为产生的结果的用法。

活动时间

15分钟左右

活动准备

1. 资源准备

（1）下载一张在机场拖着行李箱的图片。

（2）设计一张表格，用于记录旅行前需要安排的事情。表格请参见资源46。

2. 语言准备

教师利用事先准备好的图片，带领学生练习表达式"主语＋动词＋结果补语＋名词"和"主语＋把＋名词＋动词＋结果补语"。例如：

教　师：如果你要长途旅行，你要做好哪些准备？

学生$_1$：要先订好机票或者火车票。

学生$_2$：要订好酒店。

学生$_3$：要准备好带的东西。

学生$_4$：出门前要把电源关掉。

学生$_5$：出门前要把窗户关上。

……

🌸 活动步骤

1. 教师将学生分组，两人一组，给每组发一张表格。
2. 小组两人，一个扮演要去旅行的人，一个扮演好朋友。两个人讨论出发前需要做好哪些准备，用目标表达式表达出来，并把结果填写进表格中。
3. 教师请几组学生到前面来表演，汇报他们的讨论结果。

🌸 活动步骤

这个活动也可以用"约会前需要做哪些准备"这个话题来练习。

069 角色扮演：失窃现场

🌸 活动目标

学生描述和记录失窃现场的情况，通过这个角色扮演的活动熟练掌握表达式"主语＋动词＋结果补语＋名词""主语＋把＋名词＋动词＋结果补语"和"名词（受事）（＋被）＋名词／代词（施事）＋动词＋结果补语"，学习它们描述动作行为产生的结果的用法。

🌸 活动时间

20 分钟左右

🌸 活动准备

1. 资源准备

（1）在网上搜集一些失窃现场的图片，例如：门被撬开了，衣物被翻乱了等。

（2）设计一张案情登记表格，用于记录失窃现场的情况。表格可参见资源 47。

2. 语言准备

教师利用事先准备好的图片，带领学生练习表达式"主语＋动词＋结果补语＋名词""主语＋把＋名词＋动词＋结果补语"和"名词（受事）(＋被)＋名词／代词（施事）＋动词＋结果补语"。例如：

教　师：这个家庭失窃了，他家的门怎么了？

学生$_1$：他家的门被撬开了。

教　师：用"把"怎么说？

学生$_2$：小偷把门撬开了。

教　师：这个锁还能用吗？不能用的话可以怎么说？

学生$_3$：小偷把锁撬坏了。

学生$_4$：锁被小偷撬坏了。

……

❁ 活动步骤

1. 教师将学生分组，两人一组，一个人扮演警察，一个人扮演失窃的业主。给每组发一张案情登记表格。
2. 业主向警察报案，详细描述家里失窃后的现场情况。警察把失窃的情况记录在案情登记表格中。
3. 登记完毕后，教师请几组学生到前面来表演，请扮演警察的学生用目标表达式汇报案情。

第九章　补语

可能补语

语法释义

可能补语主要表示主客观条件是否允许某种结果、趋向、情况的发生或者实现。

交际表达式（板书）

1. 主语＋动词＋得/不＋结果补语/趋向补语（＋名词）

例句：

初级班的学生还看不懂中文报纸。

大门没开，我进不去。

2. 主语＋动词＋得/不＋了（liǎo）（＋名词）

例句：

我今天不舒服，上不了课。

他快80岁了，还打得了篮球吗？

3. 主语＋动词＋得/不得（＋名词）

例句：

小孩子吃不得冰淇淋，吃了会拉肚子。

（动物园里的动物）饲养员喂得，游客喂不得。

活动设计

070 讨论：人老了

活动目标

学生通过讨论人老后受到的活动限制，熟练掌握表达式"主语＋

动词+得/不+结果补语/趋向补语（+名词）""主语+动词+得/不+了（liǎo）(+名词)"和"主语+动词+得/不得（+名词）"，学习这三种表达式的意义和用法。

❀ 活动时间

20 分钟左右

❀ 活动准备

1. 资源准备

（1）搜集一些老人（例如：坐轮椅的、拄拐杖的）的图片，以及一些充满活力的年轻人做富有挑战性运动（例如：蹦极，跑马拉松，冬泳，踢足球）的图片。

（2）设计一张表格，用于填写人老后在生活、工作、学习、娱乐、运动等方面不能从事的活动。表格可参见资源48。

2. 语言准备

教师利用事先准备好的图片，带领学生练习表达式"主语+动词+得/不+结果补语/趋向补语（+名词）""主语+动词+得/不+了（liǎo）(+名词)"和"主语+动词+得/不得（+名词）"。例如：

教　师：大家看，这个老人，他还能踢足球吗？

学生$_1$：他踢不了足球了。

学生$_2$：他踢不动足球了。

学生$_3$：他跑不动了。

学生$_4$：足球他已经踢不得了。

……

❀ 活动步骤

1. 教师将学生分组，两个人一组，给每组发一张表格。

2. 小组两人用目标表达式讨论人老后在生活、工作、学习、娱乐、运动等方面不能从事的活动,并填写进表格中。

3. 教师请几个学生汇报一下他们小组讨论的结果。

071 新闻采访:台风天

❀ 活动目标

学生模拟新闻采访的情景,描述台风造成的种种不便,通过这个新闻采访活动熟练掌握表达式"主语+动词+得/不+了(liǎo)(+名词)",学习其表示是否允许实现某种动作或者允许发生某种变化的意义和用法。

❀ 活动时间

15 分钟左右

❀ 活动准备

1. 资源准备

(1) 从网上下载几张台风天气以及台风造成的危害的图片,例如:暴雨、山洪等。

(2) 设计一张表格,用于填写台风天气给人们的生活带来的种种问题(例如:停电,停水,断网,公共交通停运等)。表格可参见资源49。

2. 语言准备

教师以"停电"为话题,带领学生练习表达式"主语+动词+得/不+了(liǎo)(+名词)"。例如:

教　师:停电了,哪些事情就做不了了?

学生$_1$:停电了,看不了电视。

学生₂：停电了，用不了电脑。

学生₃：停电了，上不了网。

学生₄：停电了，用不了电梯。

……

🌸 活动步骤

1. 教师将学生分组，四到五人一组，给每组发一张表格。
2. 小组几人，一人扮演记者，另外几人扮演老百姓。记者采访几位老百姓，请老百姓谈一谈这次台风造成了哪些问题。
3. 记者根据台风造成的问题，采访老百姓的生活因此都有哪些不便，例如：台风造成的停电带来了哪些不便，记者把采访情况填写进表格中。
4. 各组记者采访完本组每一位老百姓之后，整理自己的采访内容，教师请几位记者到前面来向大家汇报。

第九章 补 语

情态补语

语法释义

情态补语主要是指动词后用"得"连接的表示动作状态的补语。情态补语可以指向动词,表示对动作进行描写、评价或者判断;也可以指向施事和受事,表示动作或状况使施事或受事出现了何种情态。主谓短语充当情态补语时,补语中的谓语说明补语中的主语的状态,这个状态是由主谓短语前的动词支配产生的。

交际表达式（板书）

1. **主语（＋动词＋名词）＋动词＋得＋情态补语**

   例句:

   她（唱歌）唱得很好。

   老师（讲课）讲得很精彩。

   她气得把手机摔了。

2. **主语＋形容词＋得＋情态补语**

   例句:

   她高兴得又蹦又跳。

   他难过得流下眼泪。

活动设计

072 讨论：情感世界

活动目标

学生通过讨论不同情感所呈现出的状态,熟练掌握表达式"主语

(+动词+名词)+动词+得+情态补语"和"主语+形容词+得+情态补语",学习它们表示动作的状态的意义和用法。

❀ 活动时间

15分钟左右

❀ 活动准备

1. 资源准备

(1) 设计一张表格,用于填写在不同情感或者情绪中人可能会有的表现。表格可参见资源50。

(2) 下载几张高兴的人的不同表现的图片,例如:哈哈大笑,手舞足蹈,又蹦又跳,等等。

2. 语言准备

教师以事先准备好的人物图片为例,带领学生练习表达式"主语(+动词+名词)+动词+得+情态补语"和"主语+形容词+得+情态补语"。例如:

教　师:这个人看起来怎么样?

学生$_1$:他很高兴。

教　师:他高兴时是什么样子?

学生$_1$:他哈哈大笑。

教　师:那我们可以怎么说?(手指目标表达式)

学　生:他高兴得哈哈大笑。

教　师:那这个人呢?她高兴时是什么样子?

学生$_2$:她高兴得又蹦又跳。

……

🌸 活动步骤

1. 教师给学生分组,每组三到四个人,给每组发一张表格。
2. 小组几人一起讨论,在表格里所列出的各种情感或者情绪中,人分别会有什么表现。尽量发挥自己的想象,说得越多越好,每个人负责把自己说出的表现填写进表格中。
3. 教师请各组选派一个代表,汇报一下本组讨论的结果。

073 讨论:行行出状元

🌸 活动目标

学生通过讨论各行各业状元的评价标准,熟练掌握表达式"主语(+动词+名词)+动词+得+情态补语",学习其表示动作的状态的意义和用法。

🌸 活动时间

15 分钟左右

🌸 活动准备

1. 资源准备

设计一张表格,用于填写各种行业状元的评价标准。表格可参见资源 51。

2. 语言准备

教师以一些常见的职业为例,带领学生练习表达式"主语(+动词+名词)+动词+得+情态补语"。例如:

教　师:每个行业都有工作做得很好的人,做得最好的,我们可以叫作"状元"。大家觉得老师这个行业,做得最好的应该是什么样的?

学生₁：(老师上)课上得很好。

学生₂：(老师讲)课讲得很清楚。

学生₃：老师讲得学生喜欢听。

学生₄：老师备课备得很认真。

学生₅：老师改作业改得很仔细。

……

活动步骤

1. 教师将学生分组，两人一组，给每组发一张表格。
2. 小组两人一起讨论各行各业状元的评价标准，并把标准填写进表格中。
3. 小组讨论完毕后，教师按表格中行业出现的顺序提问，把典型的评价标准写在黑板上。
4. 教师带领学生一起总结各行各业状元的评价标准。

第九章　补　语

程度补语

语法释义

程度补语，是表示程度的，常常表示程度很高。形式上有带"得"和不带"得"两种情况。不用"得"的程度补语有"极""死""透""坏""多"等。由"得"连接的程度补语主要是副词"很""慌""多""不得了（liǎo）""要死""要命""不行"等。

交际表达式（板书）

1. **主语＋形容词／心理动词＋程度补语＋了**

   例句：

   这儿的风景美极了。

   我今天走了一天，累死了。

2. **主语＋形容词／心理动词＋得＋程度补语**

   例句：

   我累得很。

   大卫今天烦得要命。

活动设计

074 讨论：城市印象

❂ 活动目标

学生通过讨论对某个城市的印象和感受，熟练掌握有"得"和无"得"的两类程度补语表达式，学习它们表示程度很高的意义和用法。

活动时间

15分钟左右

活动准备

1. 资源准备

设计一张表格,用于记录学生对某个城市的印象和感受。表格可参见资源52。

2. 语言准备

教师以学生所属国家的城市为例,带领学生练习有"得"和无"得"的两类程度补语表达式。例如:

教　师:你在印尼住哪个城市?

学生₁:雅加达。

教　师:雅加达的人多吗?(手指无"得"的目标表达式)

学生₁:多极了。

教　师:雅加达汽车多吗?(手指有"得"的目标表达式)

学生₁:多得很。

……

活动步骤

1. 教师将学生分组,两人一组,给每组发一张表格。
2. 小组两人选择一个城市,谈一谈对这个城市各方面的印象和感受,评价一下。学生在讨论的时候,教师可以巡视并引导各组学生从某个方面的多个角度展开评价,例如地铁,可以评价其载客量、票价、速度、环境等。请学生把这些情况用目标表达式描述出来,并填写进表格中。
3. 请几个学生来汇报一下讨论的结果。
4. 学生汇报完毕后,教师带领学生把一些常用的但是学生没有说出来的方面,用目标表达式补充出来。

第九章 补 语

趋向补语

语法释义

趋向补语的基本意义是趋向，即人或物体通过动作在空间位置移动的结果。

趋向补语有两类，一类是简单趋向补语，由单音节的趋向动词充当，例如，"来""去""上""下""进""出""过"等；一类是复合趋向补语，由"上""下""进""出""回""过"等与"来""去"组合，组成"上来""上去""下来""下去""进来""进去"等，放在动词后表明动作的方向。

交际表达式（板书）

1. （主语+）动词+趋向补语

   例句：

   跳下去。

   手翻过来。

2. （主语+）动词+上/下/进/出/过/回等+名词

   例句：

   跳进水里。

   爬上台阶。

3. （主语+）动词+上/下/进/出/过/回等+名词+来/去

   例句：

   跳进水里去。

   抬起胳膊来

活动设计

075 抢答赛：闯关勇士

活动目标

学生以抢答的形式描述闯关活动各个环节的动作，通过这个抢答赛熟练掌握带有趋向补语的三种表达式，学习这三种表达式表示趋向的意义和用法。

活动时间

15 分钟左右

活动准备

1. 资源准备

从网上下载两段户外闯关真人秀节目的视频。

2. 语言准备

教师带领学生观看闯关真人秀节目的片段并练习目标表达式，让学生初步学会表达游戏规则。例如：

教　师：我们看这个选手的动作，这个闯关活动要怎么玩？第一步要做什么？

学生$_1$：从这里跑过去。

教　师：跑进哪里去？

学生$_2$：跑进迷宫去。

教　师：第二步呢？

学生$_3$：从迷宫穿过去。

……

第九章　补语

❄ 活动步骤

1. 教师选出一个汉语水平较好的学生做主持人,将全班学生分成两大组作为参赛选手进行抢答。
2. 请主持人播放节目视频,在各个步骤随时暂停,询问台下两组参赛选手这一步应该怎么做,规则是什么,请两个小组成员用目标表达式抢答,答对的小组加一分。
3. 在每一步骤教师将学生答对的目标表达式记录在黑板上,并在表达式旁边标注"1""2",数字"1"表示第一组答对的,数字"2"表示第二组答对的。
4. 整个闯关活动各个环节的活动规则都说完以后,教师带领全班学生算一下两个小组各自的得分,评选出抢答冠军。
5. 教师带领全班学生从头到尾阐述一遍这个闯关活动的步骤及规则。

❄ 活动建议

这个活动在描述中会遇到一些活动用到的实物名称,这些名称教师可以提前在黑板上或者PPT中展示出来,也可以不直接说出这些名词,而是用代词来替代。

076 角色扮演:学唱京剧

❄ 活动目标

学生表演并描述京剧里的一招一式,通过这个角色扮演的活动熟练掌握三种趋向补语的目标表达式,学习这三种表达式表示趋向的意义和用法。

❄ 活动时间

20分钟左右

汉语语法课堂活动

❀ 活动准备

1. 资源准备

　　从网上下载一段动作、表情变化丰富的京剧经典选段，例如：《智取威虎山》演员出场那一段，《红灯记》之《雄心壮志冲云天》选段等。

2. 语言准备

　　教师利用事先准备好的京剧选段，带领学生练习。例如：

　　教　师：演员的胳膊和手有什么动作？

　　学生$_1$：胳膊抬起来。

　　学生$_2$：手翻过去，抬上来，再压下去。

　　教　师：演员的头和眼睛是什么动作？

　　学生$_3$：头低下去，抬起来。

　　学生$_4$：眼睛向右边看过去。

　　……

❀ 活动步骤

1. 课前教师将学生分组，两人一组。教师请学生回去观看视频，并讨论如何用目标表达式把演员的动作描述出来，然后一起学习该京剧选段的动作。

2. 课上各小组的一个学生扮演京剧老师，一个学生扮演京剧演员，京剧老师用目标表达式阐述动作要领，京剧演员根据指令表演动作，一起排练这段京剧选段的动作。

3. 教师请几组学生上台来表演，一个学生讲解动作要领，一个学生按照指令进行动作表演。

4. 大家根据几组学生的表现，评选出最佳京剧老师和最佳京剧演员。

5. 教师带领学生总结，纠正说错的目标表达式，并引导学生说出更多可以用但是没有用目标表达式表达的句子。

❀ 活动建议

这个活动也可以从动作简单的八式太极拳、八段锦中选取素材。

第十章　特殊句式

主谓谓语句

语法释义

由主谓短语做谓语的句子叫做主谓谓语句。主谓谓语句全句的主语叫大主语，主谓短语里的主语称作小主语。小主语通常是大主语的一部分，或是大主语所代表的事物的某一方面特性。

交际表达式（板书）

主语＋主谓短语

例句：

这套房子客厅比较大。

他个子很高。

活动设计

077 角色扮演：看急诊

活动目标

学生模拟看急诊的情景，由病人向医生描述疾病的症状，通过这个角色扮演的活动熟练掌握表达式"主语＋主谓短语"，学习其表示大主语的某一部分或者某一方面的某种特性的用法。

活动时间

15分钟左右

第十章　特殊句式

🏵 活动准备

1. 资源准备

   准备几张人生病的图片。

2. 语言准备

   教师利用事先准备好的图片,带领学生练习表达式"主语＋主谓短语"。例如:

   教　师:这个人怎么了?

   学生₁:他的胃不舒服。

   教　师:对,用我们今天学的语法可以怎么说?

   学生₁:他胃不舒服。

   教　师:这个人怎么了?

   学生₂:他嗓子疼。

   教　师:这个人怎么了?

   学生₃:他头疼。

   ……

🏵 活动步骤

1. 教师请一个学生到前面来,将其他学生分为两大组。
2. 到前面的学生扮演急诊科医生,下面的学生扮演来看急诊的病人。
3. 急诊科医生依次询问第一组第一个病人的病情,第二组第一个病人的病情。然后询问第二组第二个病人的病情,第一组第二个病人的病情。按照这样的顺序询问下去。
4. 被询问的病人要用目标表达式回复医生的询问,不能重复已经说过的病情。
5. 哪个小组的学生回答不出,可以有一次机会请本组其他学生代答。一旦某个小组对于医生的询问完全回答不上来,这个小组即落败,另外一个小组获胜。

存现句

语法释义

存现句分两类:一类是表示人或事物存在的,叫存在句;一类是表示人或事物出现、消失的,叫隐现句。存在句从谓语动词来看有三种情况:"有"字句、"是"字句、"动词+着"句。隐现句的谓语动词一般是趋向动词或者表示出现、消失意义的动词,动词后常带趋向补语、结果补语及动态助词"了"。

交际表达式(板书)

1. **处所+有+名词**

   例句:

   水里有很多鱼。

   中国有长城。

2. **处所+是+名词**

   例句:

   广东西边是广西。

   后边是游泳池。

3. **处所+动词+着+名词**

   例句:

   墙上挂着一幅画。

   路边站着一群人。

4. **处所 / 时间 + 动词 + 了 + 名词**

例句：

前面来了一辆车。

昨天发生了一件大事。

5. **处所 + 动词 + 趋向补语 + 名词**

例句：

前面开过来一辆车。

天空飞过去一只鸟。

活动设计

078 游戏：拼地图

活动目标

学生边拼中国地图边描述各省的位置，通过这个游戏熟练掌握表达式"处所 + 是 + 名词"，学习其表示某物占据了某一空间的用法。

活动时间

15 分钟左右

活动准备

1. 资源准备

（1）准备一张彩色的中国地图挂图。

（2）下载一张彩色中国地图，按照活动的小组数量彩色打印几份，然后按照省级区划将地图剪开，制作成拼图。也可以按照小组的数量购买几套中国地图拼图。

2. 语言准备

教师利用中国地图挂图，带领学生练习表达式"处所＋是＋名词"。例如：

教　师：广东的西边是什么地方？

学生$_1$：广东的西边是广西。

教　师：广西的西边是什么地方？

学生$_2$：广西的西边是云南。

教　师：广东和广西南边是什么地方？

学生$_3$：广东和广西南边是海南。

……

活动步骤

1. 教师将学生分组，两人一组，给每组发一套中国地图拼图，教师预留一套拼图最后用。
2. 小组两人参考黑板上的中国地图挂图，按照语言准备阶段的问答方式，提问并回答各个省份的位置，将中国地图拼好。
3. 各小组完成拼图后，教师利用预留的一套中国地图拼图，带领大家一起用目标表达式说出各个省份的位置，并用磁铁、双面胶或者图钉等工具把各省份拼图固定在中国地图挂图的相应位置上。

079 游戏：水里有什么

活动目标

学生品尝后猜测水里有什么物质，通过这个游戏熟练掌握表达式"处所＋有＋名词"，学习其表示在某处所存在着某物的用法。

🌸 活动时间

10分钟左右

🌸 活动准备

1. 资源准备

准备一张大海的图片、一瓶纯净水、若干个纸杯以及适量的白糖、盐、醋、小苏打粉等。

2. 语言准备

教师利用事先准备好的大海的图片，带领学生练习表达式"处所＋有＋名词"。例如：

教　师：海里有什么？

学生$_1$：海里有鱼。

教　师：海里还有什么？

学生$_2$：海里还有虾。

教　师：海里还有什么？

学生$_3$：海里还有螃蟹。

……

教　师：海里还有看不见的东西，你们知道有哪些东西吗？

学生$_4$：海里还有盐。

学生$_5$：海底有石油。

……

🌸 活动步骤

1. 教师倒一杯纯净水，请一个学生品尝，然后询问学生"水里有什么"，并请他回答。

2. 教师再倒一杯纯净水，将一种原料添加到纯净水中，再请另外一个学生品尝，然后询问学生"水里有什么"，并请他回答。
3. 教师依次在纯净水中添加不同的原料，请不同的学生来品尝，然后回答水里有什么。
4. 教师将两种不同的原料混合添加至纯净水中，请学生品尝后回答水里有什么。

080 调查：旅游宣传广告

活动目标

学生调查后制作旅游宣传广告介绍本国的名人、名胜古迹、特产、珍稀动物等资源，通过这个调查活动熟练掌握表达式"处所/时间+有+名词"，学习其表示在某处所或者某段时间存在着某人、某物的用法。

活动时间

25 分钟左右

活动准备

1. 资源准备

准备一些中国的名人、名胜古迹、特产、珍稀动物等方面的图片，例如：孔子、长城、故宫、茶叶、烤鸭、月饼、大熊猫、东北虎等，在图片上标注名字和拼音。

2. 语言准备

教师利用中国的名人、名胜古迹、特产、珍稀动物等图片，带领学生练习表达式"处所/时间+有+名词"。例如：

教 师：你们知道中国有哪些名人吗？

学生₁：中国有毛泽东。

学生₂：中国有孔子。

教 师：你们知道中国有哪些名胜古迹吗？

学生₃：中国有长城。

学生₄：中国有故宫。

……

❋ 活动步骤

1. 课前教师将学生按照国别分组，同一个国家的学生一组，课下调查本国的名人、名胜古迹、特产、珍稀动物等，以PPT的形式制作一个旅游宣传广告。

2. 课上每组学生选派一个代表，用目标表达式向大家介绍自己国家的名人、名胜古迹、特产、珍稀动物等，为本国做旅游宣传，吸引大家到自己的国家去旅游。

081 调查：参观名人故居

❋ 活动目标

学生通过介绍一处名人故居的室内陈设，熟练掌握表达式"处所+有+名词""处所+是+名词"和"处所+动词+着+名词"，学习这三种表达式表示在某处所存在着某人、某物的用法。

❋ 活动时间

15分钟左右

汉语语法课堂活动

🔬 活动准备

1. 资源准备

（1）下载一张名人故居内景图。

（2）设计一张表格，用于记录名人故居的室内陈设。表格可参见资源53。

2. 语言准备

教师利用事先准备好的名人故居内景图，带领学生练习表达式"处所＋有＋名词""处所＋是＋名词"和"处所＋动词＋着＋名词"。例如：

教　师：客厅里有什么？

学生$_1$：客厅里有一张桌子。

教　师：桌子上是什么？

学生$_2$：桌子上是几本书。

教　师：桌子旁边有什么？

学生$_3$：桌子旁边有几把椅子。

教　师：墙上挂着什么？

学生$_4$：墙上挂着一张照片。

教　师：客厅左边是什么房间？

学生$_5$：客厅左边是卧室。

……

🔬 活动步骤

1. 教师在活动前两三天布置参观任务，请学生们去参观一处名人故居，观察室内外的布置、陈设，如果允许拍照，可以拍一些照片，不允许拍照可以画一些室内布局、陈设的简图。给每个学生发放一张表格,请学生参观名人故居时随身携带,参观时仔细观察,做好记录。
2. 上课时,教师请几个学生到前面来展示自己拍的照片或者画的简图,并用目标表达式描述室内的布局和陈设。

082 角色扮演:花车巡游

活动目标

学生介绍花车巡游时周围存在或者视线中出现的新事物,通过这个角色扮演的活动熟练掌握存现句的几种表达式,学习这几种表达式表示在某处所存在着某人、某物,以及某地、某时有什么人或者事物出现或者消失的用法。

活动时间

25 分钟左右

活动准备

1. 资源准备

下载一段新年花车巡游或者迪士尼花车巡游的视频。

2. 语言准备

教师利用事先准备好的视频,带领学生练习存现句的几种表达式。例如:

教 师:这是迪士尼花车巡游,大家看,路边有什么?
学生$_1$:路边有很多人。
教 师:他们手里拿着什么?
学生$_2$:他们手里拿着手机。

教 师：很多人头上戴着什么？

学生₃：很多人头上戴着帽子，有的人戴着墨镜。

教 师：门开了，里面走出来了什么？

学生₄：里面走出来一个米奇，一个米妮。

教 师：现在开出来什么？

学生₅：开出来一辆花车。

教 师：花车上有什么？

学生₆：花车上站着几个小丑。

教 师：现在走出来什么？

学生₇：现在走出来一队士兵。

教 师：他们手里拿着什么？

学生₈：有的士兵手里拿着盾牌，有的拿着旗。

……

活动步骤

1. 教师在活动前一天把视频发给学生，请学生回去观看视频。
2. 学生观看视频后，用目标表达式描述这段视频中存在和出现的各种人和物，给这段视频写一段解说词。
3. 上课时，两个学生一组，分别向对方展示自己的解说词，一起讨论并修改。
4. 教师请几个学生扮演在迪士尼巡游现场播报节目的主持人，其他学生扮演电视机前的观众。几位主持人依次向观众播报现场的巡游活动。
5. 教师让学生再次观看视频，通过问答方式带领学生用目标表达式细致地描述视频。

第十章　特殊句式

"把"字句

语法释义

　　谓语部分由含"把"的介词短语做状语的动词谓语句称作"把"字句。一般情况下,介词"把"的宾语与全句的谓语动词存在动宾关系。"把"字句常用来叙述或谈论"把"的宾语经过动作后发生了什么变化,产生了什么结果。

交际表达式（板书）

1. (主语+) 把+名词+动词+补语

　　例句：

　　你把这些衣服放进衣柜里。

　　把房间打扫干净。

2. (主语+) 把+名词+动词重叠

　　例句：

　　你把地扫一扫。

　　把衣服洗一洗。

3. 主语+把+直接宾语+动词+间接宾语

　　例句：

　　你把这本书给大卫。

　　把那件衣服给我。

活动设计

083 游戏：传递物品

活动目标

学生传递物品并描述把物品传递给了哪个对象，通过这个游戏熟练掌握表达式"主语 + 把 + 直接宾语 + 动词 + 间接宾语"，学习该表达式描述直接宾语经过动作产生位移，到达间接宾语的用法。

活动时间

10 分钟左右

活动准备

1. 资源准备

活动前临时从教室收集几件小物品，例如：作业本、笔、书等。

2. 语言准备

教师利用收集到的某件物品，带领学生练习表达式"主语 + 把 + 直接宾语 + 动词 + 间接宾语"。例如：

教　师：老师把书给谁了？

学　生：老师把书给大卫了。

教　师：大卫把书给谁了？（示意大卫把"书"传递给下一位同学）

学　生：大卫把书给山本了。

……

活动步骤

1. 教师将一件物品（例如：大卫的本子）传给第一个学生，边做边说句子"我把大卫的本子给山本了",并示意"山本"继续传递并说出目标表达式。

2. 大家按座次依次传递"大卫"的本子,学生边传边说"我把大卫的本子给……了",直到最后一个学生将物品传到教师手中。

084 角色扮演:搬家

❀ 活动目标

学生模拟搬家场景描述各种物品的摆放,通过这个角色扮演的活动熟练掌握"把"字句的三种表达式,学习这三种表达式叙述宾语经过动作后发生某种变化或者产生某种结果的用法。

❀ 活动时间

20分钟左右

❀ 活动准备

1. 资源准备

(1) 下载一张房屋结构平面图,包括书房、客厅、卧室、餐厅、厨房、卫生间、阳台等。

(2) 准备一些家具、家电、家居物品的图片,例如:沙发、餐桌、椅子、床、衣柜、书架、电视、冰箱、花瓶等,在图片上注明物品的名字和拼音。

(3) 准备一卷双面胶或者一些磁铁。

2. 语言准备

教师以"搬家"为话题,带领学生练习"把"字句。例如:

教 师:搬家的时候,不要的旧衣服怎么处理?

学 生:把不要的旧衣服扔掉。

教 师：还要穿的衣服怎么办？

学 生：把还穿的衣服叠好，放进箱子里。

教 师：把衣服带到新家，放在哪儿？

学 生：把衣服放进衣柜里。

……

教 师：把沙发放在哪儿？

学 生：把沙发放在客厅。

教 师：把餐桌放在哪儿？

学 生：把餐桌放在饭厅。

……

活动步骤

1. 教师将准备好的房间图片以及各种家具、家电、家居物品等图片全部用磁铁或双面胶固定在黑板上（不要粘得太牢，要方便移动）。
2. 教师将学生分组，两人一组。
3. 小组两人一起讨论以下两个问题：

    (1) 搬家时哪些东西不要了，怎么处理？

    (2) 搬家的时候，黑板上的这些家具、家电、家居物品分别放在哪儿？
3. 小组讨论完毕后，教师请几组学生上台表演，请小组两人一个扮演搬家者，另一个扮演搬家公司的职员。搬家者根据本组的讨论结果，使用"把"字句安排搬家公司职员，按照要求把黑板上的家具、家电、家居物品图片贴到黑板上相应的房间里。

085 角色扮演：钟点工

活动目标

学生扮演雇主和钟点工，雇主向钟点工布置工作任务，钟点工向雇主描述工作的完成情况，通过这个角色扮演的活动熟练掌握"把"字句的三种表达式，学习这三种表达式描述宾语经过动作发生某种变化或者产生某种结果的用法。

❀ 活动时间

20 分钟左右

❀ 活动准备

1. 资源准备

设计一张家务清单，用于记录安排给钟点工的工作。家务清单可参见资源 54。

2. 语言准备

教师以"钟点工做家务"为话题，带领学生练习。例如：

教　师：厨房里用过的碗筷要怎么办？

学生$_1$：把碗筷洗一洗。

学生$_2$：把碗筷洗干净。

教　师：碗筷洗干净以后，要怎么做？

学生$_3$：把碗筷上的水用干净的毛巾擦一擦。

学生$_4$：把碗筷上的水擦干净。

学生$_5$：把碗筷放进消毒柜消毒。

……

❀ 活动步骤

1. 教师将学生分组，两人一组，一人扮演钟点工，一人扮演雇主。给每组发一张家务清单。
2. 雇主用目标表达式给清洁工布置工作任务，并把任务填写进任务清单中。钟点工根据任务清单向雇主汇报自己工作的完成情况。
3. 教师请几组学生到前面来进行汇报表演。

汉语语法课堂活动

"被"字句

语法释义

在谓语动词前有一个表示被动意义的介词"被",或由"被"构成的介词短语做状语的句子,叫"被"字句。"被"字句的主语通常是谓语动词的受事,介词"被"的宾语通常是施事。表示一个受事受到某种动作行为的影响而有所改变,这种改变对受事者或说话者来说常常是不愉快的、受损害的。

交际表达式（板书）

主语 + 被（+ 施事）+ 动词短语

例句：

路边的树被这辆车撞断了。

房子被大火烧毁了。

活动设计

086 角色扮演：繁忙的警察

❀ 活动目标

学生模拟交通警察处理交通事故的情景,司机向警察描述车辆、人员和物品的损伤情况,通过这个角色扮演的活动熟练掌握表达式"主语 + 被（+ 施事）+ 动词短语",学习其表示受事受到某种动作行为的影响而有所改变的用法。

第十章 特殊句式

❀ 活动时间

15 分钟左右

❀ 活动准备

1. 资源准备

  （1）收集几张交通事故的图片。

  （2）设计一张统计表格，用于记录案情。表格可参见资源 55。

2. 语言准备

  教师利用一张交通事故图片，带领学生练习。例如：

  教　师：前面这辆车怎么了？

  学生$_1$：这辆车被追尾了。

  教　师：后面这辆车怎么样了？

  学生$_2$：后面这辆车车头被撞烂了。

  教　师：后面这辆车的玻璃呢？

  学生$_3$：后面这辆车的玻璃被撞碎了。

  ……

❀ 活动步骤

1. 教师将学生分组，三人一组，一人扮演警察，其他人扮演司机。给每组发一张案情统计表格。
2. 司机分别向警察报案，描述交通事故现场、车辆的损坏情况以及人员的伤亡情况等。
3. 警察负责记录案情，并把现场情况填写进表格中。
4. 教师请各组扮演警察的学生到前面来，汇报本组所记录的交通事故。

活动建议

这个活动除了用于练习"被"字句,也可以用于练习结果补语。

087 新闻播报:大灾难

活动目标

学生通过介绍某场大灾难造成的各种损失,熟练掌握表达式"主语 + 被(+ 施事)+ 动词短语",学习其表示受事受到某种动作行为的影响而有所改变的用法。

活动时间

10 分钟左右

活动准备

1. 资源准备

收集世界各地发生过的各种灾难事件的图片,例如:火灾、洪水、地震、泥石流等。

2. 语言准备

教师以某火灾图片为例,引导学生根据图片信息使用"被"字句表达。例如:

教　师:这场大火发生后,产生了什么后果?

学生₁:大片的森林被烧毁。

学生₂:这里的房子都被烧光了。

学生₃:很多汽车被烧坏了。

学生₄:很多动物被烧死了。

……

活动步骤

1. 教师请学生自由组合，两人一组。

2. 教师提前一天布置调查任务，请学生调查世界各地曾经发生过的大灾难，调查一下灾难发生后的具体损失，并下载一些相关的新闻图片并制作成PPT，用于上课时汇报。

3. 上课时，教师请各组派一个人扮演电视台的主持人，以新闻播报的形式向大家介绍某个大灾难的后果。

活动建议

这个活动除了用于练习"被"字句，也可以用于练习结果补语。

汉语语法课堂活动

连动句

语法释义

连动句的谓语由两个或两个以上的动词构成，两个动词共用一个主语，在动词短语中间没有停顿和关联词。连动句根据动词之间的关系，常见的有以下三种情况：表述连续发生的两个动作或情况；前一个动词短语是后一个动词短语的方式、手段或者工具；后一个动词短语是前一个动词短语的目的。

交际表达式（板书）

主语 + 动词短语$_1$ + 动词短语$_2$

例句：

我坐地铁来学校。

我们可以骑自行车去公园。

活动设计

088 讨论：电子地图显神通

活动目标

学生利用电子地图查询并讨论去某个景点的交通方式，通过这个讨论活动熟练掌握表达式"主语 + 动词短语$_1$ + 动词短语$_2$"，学习前一个动词短语表示后一个动词短语的方式、手段或者工具的用法。

活动时间

15 分钟左右

第十章　特殊句式

❀ 活动准备

1. 资源准备

请学生提前在手机上下载安装电子地图软件。

2. 语言准备

教师以学生上学时的交通工具为例，带领学生练习表达式"主语＋动词短语$_1$＋动词短语$_2$"。例如：

教　师：你每天怎么来上课？

学生$_1$：我每天坐地铁来上课。

教　师：你坐几号地铁来上课？

学生$_1$：我坐3号地铁来上课。

教　师：你每天怎么来上课？

学生$_2$：我每天坐公共汽车来上课。

教　师：你坐几路公共汽车来上课？

学生$_2$：我坐130路公共汽车来上课。

……

❀ 活动步骤

1. 教师将学生分组，两人一组。
2. 小组两人一起讨论周末或假期去哪儿玩，选定一个地方后，利用手机上的地图软件查询去这个地方的交通方式，列出几种交通方式，最后选定最佳的交通方式。
3. 讨论完后，教师请各组学生汇报本组要去的地方以及选择的交通方式，根据各组的汇报在黑板上将要去的地方和交通方式记录下来。
4. 教师带领大家一起用连动句练习黑板上的内容。

兼语句

语法释义

兼语句的谓语是由一个动宾短语和一个主谓短语套在一起构成的，谓语中前一个动宾短语的宾语是后一个主谓短语的主语。兼语句可以表示使令、称谓、认定、爱憎、好恶等意义。

交际表达式（板书）

1. **主语 + 动词$_1$ + 名词/代词 + 动词$_2$**

    例句：

    我请你吃饭。

    大家选大卫当班长。

2. **有 + 名词/代词 + 动词**

    例句：

    有一个人坐在那里。

    有一只狗跑了进来。

3. **是 + 名词/代词 + 动词**

    例句：

    是你叫我吗？

    是她一直帮助我。

活动设计

089 讨论：生日派对

🔬 活动目标

学生描述本国生日派对上常见的活动、常说的祝福语、常送的礼物、请客方是谁等，通过这个讨论活动熟练掌握表达式"主语＋动词$_1$＋名词/代词＋动词$_2$""有＋名词/代词＋动词"和"是＋名词/代词＋动词"，学习这三种表达式兼语的用法。

🔬 活动时间

15 分钟左右

🔬 活动准备

1. 资源准备

（1）下载一些生日派对的图片。

（2）设计一张生日派对活动调查表，用于调查各国生日派对常见的活动、祝福语、礼物等。调查表可参见资源 56。

2. 语言准备

教师利用事先准备好的生日派对图片，带领学生练习。例如：

教 师：过生日的时候，我们把过生日的人叫作什么？

学 生：我们把过生日的人叫作寿星。

教 师：过生日时，寿星常常请大家做什么？

学生$_1$：寿星常常请大家吃饭。

学生$_2$：寿星常常请大家参加派对。

……

教 师：参加生日派对的人，常常送寿星什么？

学生₃：有人送礼物。

学生₄：有人送红包。

……

教 师：参加生日派对的人会对寿星说什么？

学生₅：祝你生日快乐！

学生₆：祝你越来越漂亮！

……

教 师：在你们国家，举办生日派对，常常是谁请客？

学生₇：在我们国家，常常是寿星请客。

……

活动步骤

1. 教师将学生分组，每组四到五个不同国别的学生，给每组发一张调查表。
2. 教师请各组学生进行讨论，用目标表达式描述各国生日派对常常举行的活动、常说的祝福语、常送的礼物、请客方是谁等。
3. 各组讨论完毕后，教师请各组选派一个代表到前面来汇报本组的讨论结果。

第十章　特殊句式

"是……的"句

语法释义

"是……的"表示动作已在过去发生或完成,使用这种句式时,说话人要强调与动作相关的某个方面,例如:时间、处所、方式、条件、目的、对象、工具等。

交际表达式(板书)

主语 + 是 + 时间/处所/方式/工具/施事…… + 动词 + 的(+ 宾语)

(注意:部分宾语可以放到句首)

例句:

我是昨天看的(这部电影)。= 这部电影我是昨天看的。

我们是在电影院看的(这部电影)。= 这部电影我们是在电影院看的。

我们是坐地铁去的。

这张照片是用手机拍的。

这部电影是张艺谋拍的。

活动设计

090 调查:看电影

活动目标

学生通过调查一部自己看过的电影的相关信息,例如:上映时间、观看地点、主演、导演、主题曲、电影的形式(2D/3D)等,熟练掌握"是……的"句,学习"是……的"句强调过去发生的某个事件中,与动作相关的时间、处所、方式、工具、施事等方面信息的用法。

活动时间

25 分钟左右

活动准备

1. 资源准备

(1) 下载某个电影的海报和相关的资料。

(2) 设计一张调查表,用于调查电影的上映时间、观看地点、主演、导演、主题曲等方面的信息。调查表可参见资源 57。

2. 语言准备

教师利用事先准备好的电影海报,带领学生练习。例如:

教 师:你看过这个电影吗?

学 生:我看过。

教 师:你是什么时候看的这个电影?

学 生:我是去年看的。

教 师:你是在哪儿看的这个电影?

学 生:我是在电影院看的。

……

活动步骤

1. 课前教师布置调查任务,给每个学生发一张调查表,请学生调查一部自己看过的电影的相关信息,例如:上映时间、观看地点、主演、导演、主题曲、电影的形式(2D/3D)等,并填写进表格中,下载该影片的相关图片制作成PPT。

2. 上课时学生以 PPT 的形式向大家汇报影片的相关信息。

3. 课后让学生写一篇小作文,介绍电影的相关信息,并介绍自己什么时候、在哪儿和谁一起看的电影,并在作文纸上配上电影的相关图片。最后将所有作品在班级的展示栏中展示,供学生互相学习。

091 游戏:拍卖

活动目标

学生介绍一种商品的生产地点、生产时间、作用、品牌、来源、购买时间、购买地点等信息并进行"拍卖",通过这个游戏熟练掌握"是……的"句,学习"是……的"句强调过去发生的某个事件中,与动作相关的时间、处所、方式、工具、施事等方面信息的用法。

活动时间

15 分钟左右

活动准备

1. 资源准备

准备一瓶饮料,用于活动前的语言练习。

2. 语言准备

教师利用事先准备好的饮料,带领学生练习。例如:

教 师:这种饮料有什么作用?

学生$_1$:这是用来缓解疲劳的。

教 师:这是中国生产的吗?

学生$_2$:这不是中国生产的,这是日本生产的。

教 师:这瓶饮料是什么时候生产的?(边问边在黑板上书写生产日期)

学生$_3$:这瓶饮料是 2018 年 6 月生产的。

教 师:这种饮料是用什么包装的?

学生$_4$:这种饮料是瓶装的。

教　师：这瓶饮料是多少钱买的？（边问边在黑板上书写价格）

学生$_5$：这瓶饮料是15块钱买的。

……

❀ 活动步骤

1. 教师在课前给学生布置活动任务，请每个学生回去调查一种商品的生产地点、生产时间、作用、品牌、来源、购买时间、购买地点等信息。下次上课时，请学生携带商品的实物。
2. 教师将学生分组，四到五人一组，每个人用目标表达式向大家介绍自己带来的商品的信息并"拍卖"。
4. 各组拍卖完后，请各组选派一个学生，用目标表达式向大家介绍本组每个学生拍卖的是什么商品，是多少钱拍卖的，拍卖给了谁。

"连……也/都……"句

语法释义

介词"连"常用于这样的结构:连……也/都……。"连"的功能是引进话题对比的焦点、对比的基准。"连"的宾语往往是极端的事例,例如:最好的或者最坏的,最大的或者最小的,最强的或者最弱的,最应该的或者最不应该的,等等。"连"后面的词可以是名词、动词、数量词或者是小句。

交际表达式(板书)

1. **连 + 名词短语 + 也/都 + 动词**

   例句:

   连小孩子都知道不能闯红灯,你一个大人还乱闯红灯。(基准低)

   他的研究具有很高的价值,连专家都肯定了他的成绩。(基准高)

2. **主语 + 连 + 名词短语 + 也/都 + 动词**

   例句:

   他连只蚂蚁都不敢碰,别说杀鸡了。(基准低)

   他连白酒都敢喝,更别说啤酒了。(基准高)

3. **主语 + 连 + 动词短语 + 也/都 + 动词**

   例句:

   他把老人送回家就走了,老人连他叫什么名字都不知道。

   早上时间太紧张了,我连吃早饭都没有时间。

汉语语法课堂活动

活动设计

092 讨论：今非昔比

❀ 活动目标

学生描述自己作为留学生刚来中国时的表现和一段时间后的变化，通过这个讨论活动熟练掌握表达式"主语＋连＋名词短语＋也／都＋动词"和"主语＋连＋动词短语＋也／都＋动词"，学习这两种表达式强调"连"的宾语基准高或者基准低的用法。

❀ 活动时间

15 分钟左右

❀ 活动准备

1. 资源准备

设计一张表格，用于填写学生刚来中国和来中国一个学期（一个学年）后的表现和变化。表格可参见资源 58。

2. 语言准备

教师以学生刚来中国和来中国一个学期（一个学年）后的表现和变化为例，带领学生练习。例如：

教　师：刚来中国的时候，你汉语怎么样？

学生$_1$：刚来中国的时候，我连一句汉语都不会说。

学生$_2$：刚来中国的时候，我连拼音都不认识。

学生$_3$：刚来中国的时候，我连一个汉字都不会写。

……

教　师：刚来中国的时候，你还遇到了哪些困难？

学生$_1$：刚来中国的时候，我连地铁都不会坐。

学生₂：刚来中国的时候，我连菜都不会点。

……

教　师：现在你们的汉语怎么样？

学生₁：现在我连新闻都听得懂。

学生₂：现在我连汉语电影都看得懂。

学生₃：现在连中国人都觉得我汉语说得好。

……

教　师：现在你的生活还有困难吗？

学生₁：现在我连砍价都会了。

学生₂：现在我连自己一个人去旅行都不怕了。

……

活动步骤

1. 教师将学生分组，两人一组，给每个人发一张表格。
2. 小组两人一起讨论刚来中国时和来中国一个学期（学年）后，自己在学习和生活等方面的表现和变化，将讨论结果填写进表格中。
3. 教师请几组学生到前面来，进行对话表演。

093 讨论：病愈前后

活动目标

学生描述病愈前后的表现和变化，通过这个讨论活动熟练掌握表达式"连＋名词短语＋也/都＋动词"和"主语＋连＋名词短语＋也/都＋动词"，学习这两种表达式强调"连"的宾语基准高或者基准低的用法。

🌸 活动时间

20 分钟左右

🌸 活动准备

1. 资源准备

（1）设计一张表格，用于填写病中的表现和病愈后的变化。表格可参见资源 59。

（2）下载各种生病的图片，例如：胃疼，牙疼，发烧等。

2. 语言准备

教师以病人生病（如胃疼）时和病愈后的表现和变化为例，带领学生练习。例如：

教　师：胃疼的时候，吃东西感觉怎么样？

学生$_1$：胃疼的时候，我连一点儿水果都不能吃。

学生$_2$：胃疼的时候，我连一口凉水都不敢喝。

学生$_3$：胃疼的时候，我连一口辣的都不敢吃。

……

教　师：胃疼好了以后，吃东西感觉怎么样？

学生$_1$：胃疼好了以后，我连冰淇淋都能吃。

学生$_2$：胃疼好了以后，我连川菜都能吃。

学生$_3$：胃疼好了以后，我连冰水都能喝。

……

🌸 活动步骤

1. 教师将学生分组，两人一组，给每组发一张表格。
2. 小组两人一起讨论生病时的表现以及病愈后的变化，并将讨论结果填写进表格中。
3. 教师请几个学生汇报一下本组的讨论结果。

第十章　特殊句式

"一……也/都……"句

语法释义

"一……也/都……"句，强调基准低，常常用于否定句。

交际表达式（板书）

一＋量词（＋名词）＋也/都＋没/不＋动词

例句：

今天一个学生都没来上课。

我一口水也没喝。

活动设计

094 讨论：严格的要求

❀ 活动目标

学生通过讨论教练对舞蹈演员、运动员在饮食和训练方面的严格要求，熟练掌握表达式"一＋量词（＋名词）＋也/都＋没/不＋动词"，学习其强调基准低的用法。

❀ 活动时间

15分钟左右

❀ 活动准备

1. 资源准备

设计一张表格，用于填写教练对舞蹈演员、运动员在饮食方面、训练方面的严格要求。表格可参见资源60。

2. 语言准备

教师以教练对芭蕾舞演员的要求为例，带领学生练习表达式"一＋量词（＋名词）＋也／都＋没／不＋动词"。例如：

教　师：一个优秀的芭蕾舞演员，在生活方面，教练常常对他们有什么严格的要求？

学生₁：一点儿饭都不能多吃。

学生₂：一点儿肉都不能多吃。

学生₃：一点儿糖都不能吃。

教　师：为什么？

学生₄：因为芭蕾舞演员一点儿都不能胖。

……

教　师：在训练方面有什么严格的要求？

学生₁：一个动作都不能错。

学生₂：动作一点儿都不能快，一点儿也不能慢。

学生₃：每天的练习一点儿都不能少。

……

活动步骤

1. 教师将学生分组，两人一组，给每组发一张表格。
2. 小组两人一起讨论，舞蹈教练对舞蹈演员，体育教练对运动员都有哪些严格的要求，并把这些要求填写进表格里。
3. 讨论完后，教师请几个学生汇报一下本组的讨论结果。

第十章 特殊句式

比较句

语法释义

比较事物、性状、程度的高低、异同或差别都可以使用比较句。比较句大致有两类：一类是等比句，比较事物、性状的异同；一类是差比句，比较事物性质、程度的差别、高低。

交际表达式（板书）

1. **等比句**

   （1）A 和／跟／与 B ······ 一样／差不多

   例句：

   这件衣服和那件颜色一样。

   高铁票和飞机票价格差不多。

   （2）A 和／跟／与 B + 一样／差不多（+ 形容词／动词短语）

   例句：

   你穿这件衣服和那件衣服一样好看。

   这件衣服和那件差不多大。

2. **差比句**

   （1）A 比 B + 形容词（+ 补语）

   例句：

   这块手表比那块贵得多。

   飞机比火车快。

(2) A 不如／没有 B ＋ 形容词

例句：

火车没有飞机舒服。

那件衬衣不如这件好看。

活动设计

095 讨论：旅游路线

❀ 活动目标

学生通过对比两条旅游路线在交通方式、宾馆级别、用餐情况、项目安排、费用、耗时等方面的信息，熟练掌握等比句和差比句的几种表达式，学习这些表达式比较事物、性状、程度的高低、异同或差别的用法。

❀ 活动时间

20 分钟左右

❀ 活动准备

1. 资源准备

设计两条旅游路线，并注明各旅游路线的交通方式、宾馆级别、用餐情况、项目安排、费用、耗时等方面的信息。旅游路线设计可参见资源 61。

2. 语言准备

教师以事先设计好的两条旅游路线为例，带领学生练习等比句和差比句的几种表达式。例如：

教　师：旅游时乘坐的交通工具，火车和飞机比，哪个更快？

学　生：飞机比火车快。

教　师：用"没有"怎么说？

学　生：火车没有飞机快。

教　师：用"不如"怎么说？

学　生：火车不如飞机快。

……

教　师：高铁一等座是一千多块，飞机票也是一千多块，我们可以怎么说？

学　生：高铁一等座和飞机票价格差不多。

教　师：这两家宾馆都含早餐，我们可以怎么说？

学　生：这家宾馆和那家宾馆一样，都含早餐。

……

❀ 活动步骤

1. 教师将学生分组，两人一组，给每组发一张旅游路线表。

2. 小组两人一起，用目标表达式分析、讨论两个旅游路线的异同、优劣，最后通过比较选择出自己喜欢的路线，并说明选择这条路线的理由。

3. 讨论完后，教师选几组学生到前面，按照刚才讨论的过程和结果表演对话。

4. 对话表演完毕后，教师带领学生重新观察旅游路线，找出可以用目标表达式进行比较的项目，带领大家一一说出所有可能的目标表达式。

❀ 活动建议

这个活动也可以选择留学的国家、城市、大学、专业等作为讨论话题。

汉语语法课堂活动

096 讨论：网络购物

活动目标

学生在网络购物软件中，从众多相似商品中通过对比挑选出自己想要的商品，熟练掌握等比句和差比句的几种表达式，学习这些表达式比较事物、性状、程度的高低、异同或差别的用法。

活动时间

20分钟左右

活动准备

1. 资源准备

（1）从一家网络超市下载两种不同品牌的酸奶的商品信息，包括图片、名称、价格、规格、味道、产地等信息。

（2）设计一份购物单，用于填写学生所购物品的名称、价格、容量、数量、味道、产地等信息。购物单可参见资源62。

2. 语言准备

教师根据事先下载的酸奶的商品信息，带领学生练习等比句和差比句的几种表达方式。例如：

教　师：第一种酸奶和第二种酸奶的品牌一样吗？

学生$_1$：第一种酸奶的品牌和第二种的一样。

教　师：第一种酸奶和第二种酸奶价格一样吗？

学生$_2$：不一样，第一种酸奶比第二种贵。

教　师：第一种比第二种贵多少？

学生$_3$：第一种比第二种贵10块钱。

教　师：第一种酸奶和第二种酸奶的味道一样吗？

学生₄：第一种酸奶和第二种酸奶的味道不一样，第一种是黄桃味的，第二种是原味的。

……

❀ 活动步骤

1. 教师给学生分组，两人一组，给每组发一张购物单。
2. 小组两人商量一下，确定一种想要购买的商品，例如：酸奶、牛奶、饼干、T恤衫等，然后在购物网站或者购物APP里搜索该种商品的信息，从搜索出来的商品列表中，每个人选定一个商品。两人用目标表达式对比这两个商品的各方面信息，并将对比结果填写进购物单中。
3. 教师请几个小组到前面来，汇报一下小组两人各自挑选的商品，并用目标表达式从各个方面比较两个商品。

汉语语法课堂活动

感叹句

语法释义

感叹句往往表达对事物的赞美、称赞、喜欢、惊讶、厌恶等感情。常用句式有："太……了""多（么）……啊""真……啊""……极了"等。

交际表达式（板书）

1. **主语＋太＋形容词＋了**

   例句：

   你做的饺子太好吃了！

   这里的风景太美了！

2. **主语＋多（么）＋形容词＋啊**

   例句：

   孩子们多么可爱啊！

   今天的天气多暖和啊！

3. **主语＋真＋形容词＋啊**

   例句：

   你画的画儿真漂亮啊！

   你的汉语真棒啊！

4. **主语＋形容词＋极了**

   例句：

   长城壮观极了！

   地铁里的人多极了！

活动设计

097 讨论：谁不说我家乡好

❊ 活动目标

学生介绍自己家乡有名的景、物、人，其他学生对这些景、物、人进行评价，通过这个讨论活动熟练掌握感叹句的几种表达式，学习它们表达对事物的赞美、称赞、喜欢、惊讶等感情的用法。

❊ 活动时间

15 分钟左右

❊ 活动准备

1. 资源准备

准备自己所在城市有名的建筑物、风景、食物、人物、动植物等的图片。

2. 语言准备

教师利用事先准备好的图片，带领学生练习。例如：

教 师：广州的早茶怎么样？（用手势示意学生用第一种表达式回答）

学生$_1$：广州的早茶太好吃了！

学生$_2$：广州的早茶种类太多了！

学生$_3$：广州的早茶太便宜了！

……

教 师："小蛮腰"（广州塔）怎么样？（用手势示意学生用第二种表达式回答）

学生$_4$："小蛮腰"多高啊！

学生₅:"小蛮腰"多么细啊!

学生₆:"小蛮腰"多美啊!

……

❀ 活动步骤

1. 教师提前布置活动任务,请学生回去利用网络搜集自己所在城市有名的建筑物、风景、食物、人物、动植物等方面的图片,打印成彩色图片并标注名称。
2. 上课时,教师将学生分组,四到五人一组,每个人向本组其他人展示自己打印的图片,并介绍这些图片,其他人根据介绍,分别用不同的目标表达式对这些景、物、人进行评价。
3. 教师从每组挑选一个学生,介绍自己对本组成员介绍的景、物、人中印象最深刻的一种,并用目标表达式评价一下。

第十章　特殊句式

祈使句

语法释义

祈使句是表示命令或请求的句子,包括命令或请求别人(有时包括自己)做什么(肯定式)或不要做什么(否定式)。祈使句的主语通常是"你"或"你们"等第二人称代词,常常省略。

交际表达式(板书)

1. **动词短语+感叹号**

   例句:

   快来!

   拿着!

   吃饭了!

2. **动词短语+吧/啊**

   例句:

   你去吧!

   快走啊!

3. **请/要+动词短语**

   例句:

   请回答!

   要早睡早起。

4. **别/不用/不要/甭+动词短语**

   例句:

   别说话!

不用去了！

不要吃生冷食物。

甭生气！

活动设计

098 角色扮演：请遵医嘱

❀ 活动目标

学生模拟医生给病人看病的情景，医生对病人发出指令，给出医嘱，通过这个角色扮演的活动熟练掌握祈使句的几种表达式，学习这几种表达式表示命令或请求的用法。

❀ 活动时间

15 分钟左右

❀ 活动准备

1. 资源准备

准备几类病人的图片，例如：感冒发烧的病人、胃疼的病人、腿摔伤的病人等。

2. 语言准备

教师利用事先准备好的感冒发烧的病人的图片，带领学生练习。例如：

教　师：病人进诊室的时候，医生会对病人说什么？

学生$_1$：请坐！

教　师：医生给病人看病的时候，会让病人做什么？

学生$_2$：量一下体温吧。

学生$_3$：张大嘴，说"啊——"。

学生$_4$：你去验一下血吧。

教　师：医生给病人开药的时候，会告诉病人什么？

学生$_5$：你要多喝水。

学生$_6$：要好好休息。

学生$_7$：别吃辣的东西。

学生$_8$：别熬夜。

学生$_9$：按时吃药。

……

❀ 活动步骤

1. 教师给学生分组，两人一组，一人扮演医生，一人扮演病人。
2. 小组两人模拟医生给病人看病的情景，病人走进诊室告诉医生自己的病情，医生给病人看诊，开药并给出医嘱，病人离开诊室。整个过程根据情况使用目标表达式进行对话表演。
3. 教师请几组学生到前面来表演。

❀ 活动建议

这个活动也可以请学生扮演老师，用目标表达式说出课堂上老师常常对学生发出哪些指令。

099 角色扮演：机场送别

❀ 活动目标

学生模拟父母与子女机场分别的情景，父母叮嘱子女在异国他乡的注意事项，通过这个角色扮演的活动熟练掌握祈使句的几种表达式，学习这几种表达式表示命令或请求的用法。

汉语语法课堂活动

❀ 活动时间

15 分钟左右

❀ 活动准备

1. 资源准备

（1）准备一张父母在机场送别子女的图片。

（2）设计一张表格，用于记录临行前父母对子女的叮嘱。表格可参见资源 63。

2. 语言准备

教师利用事先准备好的父母在机场送别子女的图片，带领学生练习。例如：

教　师：你来中国学习，父母在机场给你送别的时候，会对你说什么？

学生$_1$：你要注意身体。

学生$_2$：要注意安全。

学生$_3$：多锻炼身体。

学生$_4$：好好吃饭。

学生$_5$：不要熬夜。

学生$_6$：好好学习。

学生$_7$：别乱花钱。

学生$_8$：到了赶紧来电话。

学生$_9$：时间到了，快去吧！

……

❀ 活动步骤

1. 教师将学生分组，两到三人一组，一人扮演要坐飞机出行的孩子，其他人扮演父母。给每组发一张表格。

2. 小组几人一起想象机场送别时，父母对孩子的各种叮嘱，要孩子做的事情和不要孩子做的事情，用目标表达式表达出来，填写进表格中。
3. 教师请几个小组到前面来，模拟机场送别的情景表演对话。

第十一章 复句

并列复句

语法释义

并列复句属于联合复句的一种。并列复句的各个分句在语法上是平等的,不互相修饰或说明。

交际表达式(板书)

1. 又……,又……

    例句:

    学生们毕业后相约回来看望老师们,老师们又开心,又感动。

    我很喜欢这儿,风景又美,东西又便宜。

2. 一边……,一边……

    例句:

    她一边走路,一边吃早餐。

    那个孩子一边吃饭,一边看电视。

3. 不是……,而是……

    我不是去学习,而是去旅游。

    不是大卫想去北京,而是马丁想去北京。

第十一章　复句

活动设计

100 采访：你幸福吗

❀ 活动目标

学生采访当地居民，请他们谈一谈生活是否幸福以及幸福与否的原因，通过这个采访活动熟练掌握表达式"又……，又……"，学习其表示分句之间既互相独立又共同阐述事物不同方面特点的用法。

❀ 活动时间

25分钟左右

❀ 活动准备

1. 资源准备

（1）下载自己所在城市基础设施、公共场所等方面的图片，例如：地铁、公共汽车、商场、批发市场、超市、电影院等。

（2）设计一张表格，用于记录学生对居民的采访情况。表格可参见资源64。

2. 语言准备

教师利用事先下载的图片，带领学生练习表达式"又……，又……"。例如：

教　师：你在这儿生活一段时间了，这个城市有哪些你喜欢的地方？

学生$_1$：这里的批发市场又多，东西又便宜。

学生$_2$：这里的地铁又快又干净。

学生$_3$：这里电影院又多，营业时间又长。

……

教　师：有没有你不喜欢的地方？

学生₁：这里的饭馆人又多，价格又贵。

学生₂：这里人又多，交通又堵塞。

……

活动步骤

1. 教师将学生分组，两人一组，给每组发一张表格。
2. 教师提前布置活动任务，请学生带着表格随机采访两位本地居民，请他们谈一谈居住在这个城市是否幸福，并询问其原因是什么，把采访结果填写进表格中。
3. 请学生在征得被采访人同意的前提下，为他们拍照或者录制采访视频。学生采访后将采访的资料按照"幸福"和"不幸福"两个部分制作成PPT。
4. 上课时教师请各组学生向全班汇报本组的采访结果。

101 调查：一心二用

活动目标

学生通过调查其他人常有的一心二用的行为，熟练掌握表达式"一边……，一边……"，学习这种表达式的两个分句阐述施事同时进行两个动作的用法。

活动时间

15分钟左右

活动准备

1. 资源准备

（1）下载几张图片，例如：边走路边打电话，边学习边听音乐，边吃饭边看电视。

(2) 设计一张调查表，用于填写与走路、学习和吃饭相关的好习惯和坏习惯。调查表可参见资源65。

2. 语言准备

教师利用事先下载的图片，带领学生练习表达式"一边……，一边……"。例如：

教　师：走路的时候，你会做什么？

学生$_1$：我常常一边走路一边打电话。

学生$_2$：我习惯一边走路一边听音乐。

学生$_3$：我喜欢一边走路一边看风景。

……

教　师：学习的时候，你会做什么？

学生$_4$：我习惯一边学习一边听音乐。

学生$_5$：我总是一边学习一边转笔。

学生$_6$：我常常一边学习一边看电视。

……

教　师：吃饭的时候，你会做什么？

学生$_7$：我常常一边吃饭一边聊天儿。

学生$_8$：我经常一边吃饭一边看电视。

学生$_9$：我习惯一边吃饭一边看书。

……

❀ 活动步骤

1. 教师将学生分组，两人一组，给每组发一张调查表。

2. 小组两人互相询问，了解对方在走路、学习、吃饭的时候还会做什么，把情况填写进表格中。

3. 两个人再一起讨论：哪些习惯是好的，可以继续保持；哪些习惯是不好的，要改掉。
4. 教师请每组选派一个代表到前面来汇报一下他们的讨论结果。

102 接龙：不是我，而是风

活动目标

学生接龙说明门是谁开的，通过否定 A 肯定 B 这个接龙活动熟练掌握表达式"不是……，而是……"，学习这种表达式的两个分句在意义上有互相对比映衬的用法。

活动时间

10 分钟左右

活动准备

语言准备

教师将教室门打开，带领学生练习表达式"不是……，而是……"。
例如：

教　师：教室的门开了，是你开的吗？（示意学生用"不是……，而是……"表达）

学生$_1$：不是我开的，而是大卫开的。

教　师：大卫是你开的吗？

学生$_2$：不是我开的，而是山本开的。

教　师：山本是你开的吗？

学生$_3$：不是我开的，而是安娜开的。

学生$_4$：不是我开的，而是老师开的。

教　师：不是我开的，而是风开的。

第十一章　复句

🔹 活动步骤

1. 教师将全班学生分为两组，进行接龙游戏。

2. 教师问第一组的第一个学生"门是你开的吗？"该生回答"不是我开的，而是（第二组第一个学生）开的"，然后第二组第一个学生说"不是我开的，而是（第一组第二个学生）开的"，第一组第二个学生接着说"不是我开的，而是（第二组第二个学生）开的"。

3. 最后一个学生说"不是我开的，而是……开的"，要求最后一个学生要说出一个打开门的合理的情况，例如：老师、隔壁班的学生、风等。

汉语语法课堂活动

承接复句

语法释义

一件事情的发展常常包括几个步骤、几个动作或者几个事件。承接复句各分句依次叙述连续发生的几个步骤、动作、事件，各分句的先后次序不能颠倒。

交际表达式（板书）

先……，然后……（，再……，最后……）

例句：

做西红柿炒鸡蛋，先把西红柿切成块儿，然后把鸡蛋打散，再在锅里加油，最后开始炒。

活动设计

103 演示说明：教做拿手菜

活动目标

学生表述做菜步骤，教其他学生做自己的拿手菜，通过这个活动熟练掌握表达式"先……，然后……（，再……，最后……）"，学习这种表达式依次叙述连续发生的几个步骤、动作、事件的用法。

活动时间

25分钟左右

第十一章　复句

❀ 活动准备

1. 资源准备

   从网上下载做一道菜的视频，例如：西红柿炒鸡蛋。

2. 语言准备

   教师利用下载的视频，带领学生练习表达式"先……，然后……（，再……，最后……）"。例如：

   教　师：刚才我们看了西红柿炒鸡蛋的做法，请大家说一下要先做什么？

   学生$_1$：先把西红柿切成块。

   教　师：然后做什么？

   学生$_2$：然后把鸡蛋打散。

   教　师：再做什么？

   学生$_3$：再把鸡蛋炒熟。

   教　师：最后做什么？

   学生$_4$：最后把西红柿放在鸡蛋里一起翻炒。

❀ 活动步骤

1. 教师提前布置活动任务，请学生上课前一天在家制作一道菜。
2. 把制作过程拍成视频，或者按照制作步骤拍摄图片并将做菜过程制作成PPT（例如：一个步骤配一张或几张图片制作成一页PPT）。
3. 上课的时候，教师请学生上台展示自己拿手菜的制作过程，并用目标表达式把制作步骤完整地叙述出来。

❀ 活动建议

学生可以把自己制作好的拿手菜带到课堂上，请大家一起品尝。

104 角色扮演：新生入学报到

活动目标

学生模拟新生入学报到的情景，描述报到的流程，通过这个角色扮演的活动熟练掌握表达式"先……，然后……（，再……，最后……）"，学习这种表达式依次叙述连续发生的几个步骤、动作、事件的用法。

活动时间

15分钟左右

活动准备

1. 资源准备

制作入学手续办理流程中各步骤的指引牌，按顺序标注序号、步骤名称和拼音，例如：1.注册；2.分班测试；3.缴费；4.领教材；5.办住宿手续；6.领饭卡；等等。

2. 语言准备

教师利用事先制作好的指引牌，带领学生练习表达式"先……，然后……（，再……，最后……）"。例如：

教　师：新生入学报到时，先做什么？

学生$_1$：新生入学报到时，先注册。

教　师：然后做什么？

学生$_2$：然后进行分班测试。

教　师：再做什么？

学生$_3$：再缴费。

教　师：然后做什么？

学生$_4$：然后领教材。

教　师：然后再做什么？

学生$_5$：然后再办住宿手续。

教　师：最后做什么？

学生$_6$：最后领饭卡。

教师带领全体学生复述整个步骤：

学　生：新生报到时，先注册，然后进行分班测试，再缴费，然后领教材，然后再办理住宿手续，最后领饭卡。

❀ 活动步骤

1. 教师将学生分组，两人一组，一人扮演学院的老生，一人扮演学院的新生。
2. 新生向老生咨询入学流程，老生用目标表达式向新生介绍入学流程的各个步骤。
3. 教师请各组扮演新生的学生到前面来汇报报到流程。

汉语语法课堂活动

递进复句

语法释义

递进复句中后一分句的意思比前一分句的意思更进一层，常用的句式有"不但/不仅……，而且……"。

交际表达式（板书）

1. **主语 + 不但/不仅 + 动词$_1$，而且 + 动词$_2$**

   例句：

   他不但/不仅会说英语，而且会说法语。

   他不但/不仅会唱歌，而且会跳舞。

2. **主语 + 不但/不仅 + 动词，而且 + 动词 + 得 + 形容词**

   例句：

   他不但/不仅会说英语，而且说得很好。

   伊尚不但会做饭，而且做得很好吃。

3. **不但/不仅 + 主语$_1$ + 动词，而且 + 主语$_2$ + 也 + 动词**

   例句：

   不但/不仅大卫会说英语，而且玛丽也会说英语。

   不但/不仅大卫英语说得很流利，而且玛丽也说得很流利。

活动设计

105 调查：大家的才艺

❀ **活动目标**

学生通过调查大家的才艺及水平，熟练掌握递进复句的三种表达式，学习这三种表达式后一分句的意思比前一分句更进一层的用法。

❀ 活动时间

25 分钟左右

❀ 活动准备

1. 资源准备

设计一张调查表，用于调查学生烹饪、运动、演唱、乐器演奏、绘画等方面的才艺及水平。调查表可参见资源 66。

2. 语言准备

教师以"做饭"为话题，带领学生练习。例如：

教　师：我们班谁会做饭？

学生₁：我会做。

教　师：你会做什么菜？

学生₁：我会做大酱汤，还会做紫菜包饭。

教　师：（带领全体学生）她不但会做大酱汤，而且会做紫菜包饭。

教　师：你做得怎么样？好吃吗？

学生₁：我做得不错，挺好吃的。

教　师：（带领全体学生）她不但会做饭，而且做得挺好吃的。

教　师：除了姜淑媛，还有谁会做饭？

学生₂：我也会做饭。

教　师：（带领全体学生）不仅/不但姜淑媛会做饭，而且玛丽也会做饭。

……

❀ 活动步骤

1. 教师给每个学生发一张调查表，要求每个学生从烹饪、运动、演唱、乐器演奏、绘画这几个方面，分别调查三个同学，将调查结果填写进"才艺调查表一"。

2. 调查完后，统计调查表一的情况，看能写出多少个不同种类的目标表达式，将答案填写进"才艺调查表二"中。

3. 请几个学生到前面来按照"才艺调查表二"汇报调查结果。

4. 学生汇报时，教师记录典型错误，例如：*大卫不仅会演奏乐器，而且会弹钢琴。

5. 学生汇报完毕后，教师带领学生一起思考错句的原因并改正，然后带领全体学生重新说一遍正确的句子。

第十一章 复句

选择复句

语法释义

有两个或者两个以上分句,分别说明几件事情,要从中选择一件,这样的复句就是选择复句。选择复句有两种:第一种是"任选",有"或此或彼"的意思,陈述句用"或者……或者……""要么……要么……",疑问句用"(是)……,还是……";第二种是只有两种选择,二者"必择其一",有"非此即彼"的意思,一般用关联词"不是……,就是……"。

交际表达式(板书)

1. **或者……,或者……**

   例句:

   或者吃牛肉,或者吃羊肉,都可以。

   或者今天去,或者明天去,哪天都行。

2. **要么……,要么……**

   例句:

   周末我要么看电影,要么逛公园。

   要么看《小王子》,要么看《头脑特工队》。

3. **(是)……,还是……**

   例句:

   我们(是)走路去,还是坐车去?

   我们看《小王子》,还是《头脑特工队》?

4. 不是……，就是……

例句：

现在只有两种汤，不是喝西红柿鸡蛋汤，就是紫菜汤，没有别的。

我们家整天不是吃鲈鱼，就是吃草鱼，吃够了。

活动设计

106 角色扮演：点菜

❀ 活动目标

学生模拟饭馆点餐的情景，通过这个角色扮演的活动熟练掌握选择复句的四种表达式，学习这四种表达式表示从几件事情中选择一件的用法。

❀ 活动时间

15分钟左右

❀ 活动准备

1. 资源准备

活动前制作一张简单的中餐菜单，要有凉菜、热菜、汤、点心、主食，其中热菜里面有各种肉、蔬菜。菜单可参见资源67。

2. 语言准备

教师利用事先准备好的菜单，带领学生练习选择复句的四种表达式。例如：

教　师：你想吃什么？

学生$_1$：我想吃肉。要么吃牛肉，要么吃羊肉。

教　师：你想吃什么鱼？有水煮鱼、酸菜鱼和清蒸鱼。

学生$_2$：平时我不是吃水煮鱼，就是吃酸菜鱼，吃腻了，今天吃清蒸鱼吧。

教 师：你想喝什么汤？

学生₃：只有两种汤，所以不是喝紫菜蛋花汤，就是酸辣汤。

……

❀ 活动步骤

1. 教师给学生分组，三到四人一组，给每组发一张菜单。
2. 小组几人一起用目标表达式商量点餐，凉菜、热菜、肉菜、海鲜、蔬菜、点心、主食各点一个。
3. 各组商量完后，教师请几组学生到前面来表演。
4. 对于学生说错的目标表达式，以及回避使用的目标表达式，教师最后进行总结，引导学生说出正确的目标表达式。

❀ 活动建议

教师可以借此契机，组织全班学生一起出去吃一次饭，聚餐前请学生用目标表达式讨论去吃什么菜，去哪个饭馆，什么时间去等。聚餐时，请学生看着菜单，用目标表达式讨论点什么菜，真实体验一下点餐过程。

107 角色扮演：看电影

❀ 活动目标

学生模拟在电影院选择电影、看电影的小食，讨论看完电影后的安排，通过这个角色扮演的活动熟练掌握选择复句的四种表达式，学习这四种表达式表示从几件事情中选择一件的用法。

❀ 活动时间

15分钟左右

🌸 活动准备

1. 资源准备

（1）搜集最新的电影海报和电影院各种小食的图片。

（2）设计一张表格，用于填写当前热映的电影、电影院提供的小食和看完电影后的活动安排。表格可参见资源68。

2. 语言准备

教师利用事先准备好的电影海报，带领学生练习选择复句的四种表达式。例如：

教　师：你喜欢看爱情片还是动画片？

学生₁：我喜欢看动画片。

教　师：这里有两个动画片，《小王子》和《头脑特工队》，你请你朋友选择一个电影，你应该怎么问？

学生₁问学生₂：你想看《小王子》还是《头脑特工队》？

学生₂：我想看《头脑特工队》。

教　师：有《小王子》和《头脑特工队》两个动画片，你觉得哪个都可以，应该怎么说？

学生₃：或者/要么看《小王子》，或者/要么看《头脑特工队》，哪个都行。

教　师：如果你们想看动画片，现在电影院只有两个动画片，《小王子》和《头脑特工队》，只能选择这两个中的一个，没有其他选择，我们可以怎么表达？

学生₄：不是看《小王子》，就是看《头脑特工队》，没有别的动画片。

……

活动步骤

1. 教师给学生分组,两人一组,给每组发一张表格。
2. 小组两人商量一下看什么类型的电影,选择哪部电影,买什么小食,看完电影后去干什么。根据表格里的选项做出选择,尽量用选择复句来提问和回答问题。
3. 讨论完后,请几组学生到前面来表演。
4. 对于学生说错的目标表达式,以及回避使用的目标表达式,教师最后进行总结,引导学生说出正确的目标表达式。

汉语语法课堂活动

因果复句

语法释义

偏正复句中的偏句表示原因，正句表示结果，这就是因果复句。因果复句分为两种：说明因果句和推断因果句。说明因果句的常用关联词为"因为……，所以……""由于""因而""因此""以致于"；推断因果句常用的关联词为"既然……，就……"。

交际表达式（板书）

1. 因为……，所以……

    例句：

    因为今天身体不舒服，所以我没去上课。

    因为我们不了解当地的交通法规，所以违反了交通规则。

2. 既然……，就……

    例句：

    既然你不喜欢他，就不要跟他交往了。

    既然已经来了，就好好学习吧。

活动设计

108 抢答赛：什么因，什么果

活动目标

学生通过抢答说出事件的原因或者结果，熟练掌握表达式"因为……，所以……"，学习其表示因果关系的用法。

第十一章　复 句

🌸 **活动时间**

10 分钟左右

🌸 **活动准备**

1. 资源准备

准备一些可以做因果问答的图片，例如：很多人一起聚餐，一个飞跑的人等。

2. 语言准备

教师利用事先准备好的图片，带领学生练习表达式"因为……，所以……"。例如：

（展示很多人一起聚餐的图片）

教　师：他们在做什么？

学生$_1$：他们在聚餐。

教　师：你觉得他们为什么聚餐？

学生$_2$：因为有人过生日，所以他们聚餐。

学生$_3$：因为他们关系很好，所以他们聚餐。

学生$_4$：因为老同学来了，所以他们聚餐。

学生$_5$：因为有人要回国了，所以他们聚餐。

……

（展示飞跑的人的图片）

教　师：他跑得快不快？

学生$_1$：他跑得很快。

教　师：想象一下，因为他跑得太快，所以发生了什么事情？

学生$_2$：因为跑得太快，所以摔倒了。

学生$_3$：因为他跑得太快，所以头发乱了。

学生₄：因为他跑得太快，所以包弄丢了。

……

活动步骤

1. 教师将全班学生分为两大组。

2. 教师展示一张图片，请学生根据图片展开联想，用目标表达式说出图片里发生的事件的原因。两组学生进行抢答，直到学生说不出新的句子。学生说对一个句子，教师给该生所在的小组记一分。

3. 教师再展示一张图片，请学生用目标表达式说出图片里发生的事件可能引发的结果。两组学生抢答，直到学生说不出新的句子。学生说对一个句子，教师给该生所在的小组记一分。

4. 教师计算两组得分，得分高的小组获胜。

109 讨论：人生不如意者十之八九

活动目标

学生给同伴出主意解决一件不如意的事情，通过这个讨论活动熟练掌握表达式"既然……，就……"，学习其表示由某个原因推断出某种结果的用法。

活动时间

15分钟左右

活动准备

1. 资源准备

设计一张表格，用于记录学生不如意的事情以及处理办法。表格可参见资源69。

2. 语言准备

教师以"买车"为话题,带领学生练习表达式"既然……,就……"。例如:

教　师:我想要换一辆新车,可是钱不够,那怎么办?

学生$_1$:既然钱不够,就不要换了。

学生$_2$:既然钱不够,就好好攒钱,等钱够了再买。

学生$_3$:既然钱不够,就从银行贷款吧。

……

❂ 活动步骤

1. 教师将学生分组,三到四人一组,给每组发一张表格。
2. 小组第一个人说一件自己不如意的事情,请其他人用目标表达式给出一个解决办法,并把他们的办法记录在表格中。
3. 小组第一个人说完之后,第二个人再说一件自己不如意的事情,请其他人想办法,并把他们的办法记录在表格中。
4. 直到小组每个人都说出了自己不如意的事,并收集到了本组所有人的建议为止。
5. 教师请每组选派一个学生到前面来汇报他们的讨论结果。

汉语语法课堂活动

转折复句

语法释义

转折复句的偏句叙述一个事实，正句没有顺着偏句的事实得出结论，而说出了相反或部分相反的事实。转折复句有重转和轻转两种：重转常用关联词有"虽然……，但是/可是……""否则""不然"等；轻转常用关联词有"不过""却""只是""就是"等。

交际表达式（板书）

1. **虽然……，但是/可是……**

   例句：

   虽然外面在下雨，但是我还是要去上学。

   虽然她已经离开很久了，可是我们仍然很想念她。

2. **……，不过/却/只是/就是……**

   例句：

   老师告诉我们时间了，不过我忘了。

   结婚的日子应该高兴才对，他却闷闷不乐的。

活动设计

110 讨论：矛盾的人生

❀ 活动目标

学生通过讨论人生各个阶段遇到的矛盾，熟练掌握表达式"虽然……，但是/可是……"，学习其表示转折的用法。

第十一章 复句

❀ 活动时间

20 分钟左右

❀ 活动准备

1. 资源准备

设计一张表格，用于填写人生各个阶段理想与现实的矛盾。表格可参见资源 70。

2. 语言准备

教师根据后边要讨论的话题，带领学生练习表达式"虽然……，但是／可是……"。例如：

教　师：人生是很矛盾的，比如，我们年轻人喜欢旅游，但是不能去旅游是因为什么呢？

学　生：没有钱。

教　师：我们用"虽然……，但是……"可以怎么说？

学生1：我们年轻人虽然喜欢旅游，但是却常常没有钱去。

教　师：还会有什么问题？

学生2：我们年轻人虽然喜欢旅游，但是常常没有时间。

教　师：人老了，有钱又有时间，可是又会有什么问题？

学生3：人老了，虽然有钱又有时间，但是身体又不行了。

学生4：人老了，虽然有钱又有时间，但是又走不动了。

……

❀ 活动步骤

1. 教师将学生分组，两人一组，给每组发一张表格。

2. 小组两人一起，用目标表达式讨论，人生的不同阶段，在学习、工作、恋爱、养育孩子、赡养父母等方面存在的矛盾，并填写进表格中。

3. 小组讨论完毕后，教师请各组派一个人，汇报本组的讨论结果。

条件复句

语法释义

条件复句的偏句表示条件,正句表示结果。条件复句有两种,特定条件句和无条件句。特定条件句,正句表示结果,偏句提出实现此结果所需要的条件,常用关联词有"只要……就……""只有……才……""除非……,才……""除非……,否则……"。无条件句表示在任何条件下都会产生正句所说的结果,常用的关联词有"不管/不论/无论……,都/也……"。

交际表达式(板书)

1. **只要……,就……**

    例句:

    小感冒,只要多喝水,就能好。

    她睡眠特别好,只要一躺下,就能睡着。

2. **只有……,才……**

    例句:

    重感冒,只有输液才能好。

    她常常失眠,只有吃助眠药才能入睡。

3. **除非……,才……**

    除非……,不然/要不/否则……

    例句:

    除非你自己照顾,才能给你买狗。

    除非你每天自己遛狗,否则不能给你买。

4. 不管/不论/无论……多……，都/也……

不管/不论/无论……什么……，都/也……

不管/不论/无论……还是……，都/也……

例句：

不管天气多热，交警都要在路上执勤。

不管是什么日子，交警都要上班。

不管是白天还是晚上，交警都要处理交通事故。

活动设计

111 抢答赛：小感冒和重感冒

活动目标

学生通过抢答说出小感冒和重感冒的治疗方式，熟练掌握表达式"只要……，就……"和"只有……，才……"，学习这两种表达式分别表示充足条件和唯一条件的不同用法。

活动时间

10分钟左右

活动准备

1. 资源准备

（1）准备一些与感冒相关的图片，例如：打喷嚏，流鼻涕，测体温等。

（2）准备一些治疗感冒的图片，例如：输液，吃药，喝水，卧床休息等。

2. 语言准备

教师利用事先准备的图片，带领学生练习表达式"只要……，

就……"和"只有……,才……"。例如:

教　师:得了小感冒,怎样就能好?

学生₁:得了小感冒,只要多喝水,就能好。

学生₂:得了小感冒,只要休息一下,就能好。

学生₃:得了小感冒,只要吃点儿维生素C,就可以了。

……

教　师:得了重感冒,怎样才能好?

学生₄:得了重感冒,只有吃很多药,才能好。

学生₅:得了重感冒,只有休息很多天,才能好。

学生₆:得了重感冒,只有打针,才能好。

……

活动步骤

1. 教师将全班学生分为两大组,请两组进行抢答。

2. 教师先提出"得了小感冒怎么办"这个话题,请两组学生用"只要……,就……"这一目标表达式抢答,说对一个目标表达式加一分,直到各组再也想不出为止。

3. 教师再提出"得了重感冒怎么办"这个话题,请两组学生用"只有……,才……"这一目标表达式抢答,说对一个目标表达式加一分,直到各组再也想不出为止。

4. 教师计算两组得分,得分高的小组获胜。

活动建议

这个活动也可以把"让大人开心"和"让小孩开心"作为主题。例如:

让孩子开心很容易,只要给她一个棒棒糖孩子就高兴了。

让大人开心不容易,只有赚很多钱,他们才开心。

第十一章 复句

112 调查：入睡难易

❀ 活动目标

学生通过调查容易入睡和不易入睡的人的入睡条件，熟练掌握表达式"只要……，就……"和"只有……，才……"，学习这两种表达式分别表示充足条件和唯一条件的不同用法。

❀ 活动时间

15 分钟左右

❀ 活动准备

1. 资源准备

（1）准备一张酣睡的图片和一张失眠的图片。

（2）设计一张调查表，用于填写采访对象的入睡情况。调查表可参见资源 71。

2. 语言准备

教师利用事先准备的图片，带领学生练习表达式"只要……，就……"和"只有……，才……"。例如：

教　师：同学们，你们入睡容易吗？入睡容易的请举手？

教　师：你怎样就能睡着？（提问入睡容易的同学）

学生$_1$：我只要一躺下，就能睡着。

学生$_2$：我只要听一下音乐，就能睡着。

学生$_3$：我只要读一下书，就能睡着。

……

教　师：哪些同学入睡困难，请举手。

教　师：你怎样才能睡着？（提问入睡困难的学生）

学生₄：我只有看很长时间的书，才能睡着。

学生₅：我只有在父母身边，才能睡着。

学生₆：我只有吃助眠药，才能睡着。

……

❀ 活动步骤

1. 教师给每个学生发一张调查表。
2. 每个学生手持调查表，采访三到四个同学，了解一下他们的入睡情况。
3. 被采访对象如果入睡容易，请他们用目标表达式"只要……，就……"谈一谈他们怎么样就能入睡。采访者把情况填写进调查表中。
4. 被采访对象如果入睡困难，请他们用目标表达式"只有……，才……"谈一谈他们怎么样才能入睡。采访者把情况填写进调查表中。
5. 教师请几个学生用目标表达式汇报一下他们的采访对象的入睡情况。

113 角色扮演：延迟满足

❀ 活动目标

学生模拟父母和孩子的对话，孩子向父母提出要求，父母提出答应孩子要求的条件，通过这个角色扮演的活动熟练掌握表达式"除非……，才……""除非……，不然/要不/否则……"，学习这两种表达式表示实现结果的唯一条件的用法。

活动时间

15 分钟左右

活动准备

1. 资源准备

设计一张表格,用于填写家长满足孩子要求时提出的条件。表格可参见资源 72。

2. 语言准备

教师以孩子向父母提出养一条小狗为例,带领学生练习表达式"除非……,才……""除非……,不然/要不/否则……"。例如:

教　师:孩子想要一条狗,如果你是父母,什么条件下你才会答应孩子的要求?

学生$_1$:除非你能自己洗衣服,我才会给你买一条狗。

学生$_2$:除非你能每天帮妈妈打扫卫生,我才会给你买一条狗。

学生$_3$:除非你能独立完成作业,不然就不能给你买狗。

……

活动步骤

1. 教师将学生分组,两到三人一组,给每组发一张表格。
2. 小组几人,一个人扮演孩子,其他人扮演父母。孩子向父母提出要求(例如:养一条狗,买一双很贵的鞋等。孩子可以使用资源表格中的要求,也可以自己想一些要求)。
3. 父母用目标表达式向孩子提出答应这些要求的前提条件,请孩子把父母的条件用目标表达式填写进表格中。
4. 小组讨论完后,教师请几组学生到前面来表演对话。

114 讨论：坚守岗位

❀ 活动目标

学生通过讨论在艰难的环境中、特殊的日子里坚守岗位的工作人员的表现，熟练掌握表达式"不管/不论/无论……，都/也……"，学习其表示在任何条件下都会产生正句所说的结果的用法。

❀ 活动时间

15分钟左右

❀ 活动准备

1. 资源准备

（1）下载几张交通警察在极端天气下执勤的图片，例如：烈日炎炎下执勤，风雪交加中执勤，等等。

（2）设计一张表格，用于填写在艰难的环境中、特殊的日子里坚守岗位的工作人员的表现。表格可参见资源73。

2. 语言准备

教师以交警在极端天气里坚持执勤为例，带领学生练习表达式"不管/不论/无论……，都/也……"。例如：

教　师：做警察很辛苦，特别是交通警察，他们为什么很辛苦？

（教师手指图片，请学生用目标表达式）

学生₁：无论天气多热，都要在路上指挥交通。

学生₂：无论天气多冷，都要在路上指挥交通。

学生₃：无论雪多大，都要上班。

……

教　师：除了这些不好的天气，还有一些特殊的时间，比如节假日、晚上，他们能休息吗？

学生₁：无论是什么日子，交警都要在路上执勤。

学生₂：无论是白天还是晚上，都要处理交通事故。

……

❀ 活动步骤

1. 教师将学生分组，两人一组，给每组发一张表格。
2. 小组两人一起讨论一些特殊岗位的人，例如：警察、医生、清洁工、快递员等，在特殊的天气和特殊的日子，他们的行为表现，用目标表达式说出来，并将结果填写进表格中。
3. 教师请各组派一个学生来汇报一下他们组讨论的结果。
4. 学生汇报时，教师注意记录学生的错句。等学生汇报完毕后，带领学生一起改正错误，并说出正确的句子。

汉语语法课堂活动

假设复句

语法释义

假设复句的偏句提出一种假设,正句说出在这种情况下会出现的结果。常用的关联词语有"如果/要是……(的话),就……"。

交际表达式(板书)

如果/要是……(的话),就……

例句:

如果你早来两天,就可以见到我了。

天气要是好的话,我们就可以出去走走。

活动设计

115 抢答赛:如果真爱

❀ 活动目标

学生以抢答的形式说一说如果真爱一个人,会有哪些表现,通过这个抢答赛熟练掌握表达式"如果/要是……(的话),就……",学习其表示假设的情况下产生某种结果的用法。

❀ 活动时间

15 分钟左右

❀ 活动准备

语言准备

教师以"真正的朋友"为话题,带领学生练习表达式"如果/要是……（的话），就……"。例如：

教　师：如果是真正的朋友，就应该怎么做呢？

学生₁：如果是真正的朋友，就要在他有困难的时候帮助他。

学生₂：如果是真正的朋友，就得在他难过的时候安慰他。

学生₃：如果是真正的朋友，就要原谅他的过错。

……

活动步骤

1. 教师将全班学生分成两大组，进行抢答赛。
2. 教师提出话题"夫妻之间真正的爱应该是怎样的"，请两组学生用目标表达式举手抢答，答对一个句子，给该组记一分，直到两组学生说不出新的句子。
3. 教师再换话题"父母与子女之间真正的爱应该是怎样的"，请两组学生按照步骤2的方式继续抢答。
4. 比赛结束后，教师比较一下两组的分数，得分高的小组获胜。

汉语语法课堂活动

目的复句

语法释义

目的复句的偏句表示目的,正句表示为达到这个目的采取的行动。一般在偏句中用"为了""为"。

交际表达式（板书）

为了/为……,……

例句:

为了拥有一个幸福的人生,我们应该努力工作。

为拥有一个幸福人生,我们应该有健康的身体。

活动设计

116 抢答赛：幸福人生

❀ **活动目标**

学生抢答说一说实现幸福人生的途径,通过这个抢答赛熟练掌握表达式"为了/为……,……",学习其表示为达到目的而采取某种行动的用法。

❀ **活动时间**

10分钟左右

❀ **活动准备**

语言准备

教师以"幸福人生"为话题,带领学生练习表达式"为了/为……,

……"。例如：

　　教　师：为了拥有一个幸福人生，我们应该怎么做？

　　学生$_1$：为了拥有一个幸福人生，我们应该努力工作。

　　学生$_2$：为了拥有一个幸福人生，我们应该有个幸福的家庭。

　　学生$_3$：为了拥有一个幸福人生，我们应该有健康的身体。

　　……

❀ 活动步骤

1. 教师将学生分成两大组，进行抢答赛。

2. 教师提出话题"怎样拥有幸福的人生"，请两组学生用目标表达式进行抢答，答对一个，给该组加一分。

3. 第一轮抢答完毕，教师请一个学生重新说一下他刚才所说的句子，引出第二轮话题。例如：这个学生的回答是"为了拥有一个幸福的人生，我要赚很多钱"，那么第二轮话题就是"为了赚很多钱，要怎么做"，请两组学生继续用目标表达式进行抢答，答对了给该组学生加一分。

4. 第二轮话题说完，再请一个学生重复一下他的句子，例如："为了拥有一个幸福人生，我要考上一所好大学"，引出新的话题"为了考上一所好大学，要怎么做"，请两组学生继续抢答。

5. 抢答完毕后，教师统计两组的得分，得分高的小组获胜。

6. 教师布置作业，请学生回去写连环句，例如：为了拥有一个幸福人生，我要考上一所好大学；为了考上一所好大学，我要努力学习；为了努力学习，我每天早起；等等。

7. 下一次上课时，教师收集作业，选出写得又多又好的作业，在作业展览区进行展示。

汉语语法课堂活动

让步复句

语法释义

让步复句的偏句表示让步,正句表示结论或结果不会改变。常用的关联词语有"即使……,也……""哪怕……,也……""就是……,也……"。

交际表达式(板书)

即使/哪怕/就是……,也……

例句:

即使他什么都没有,也没关系。

哪怕她不爱我,我也仍然喜欢她。

就是再忙,也要每天去看她。

活动设计

117 讨论:爱与不爱

活动目标

学生通过讨论爱一个人和不爱一个人的表现,熟练掌握表达式"即使/哪怕/就是……,也……",学习其表示让步后结果依然不会改变的用法。

活动时间

15分钟左右

第十一章 复 句

🏵 活动准备

1. 资源准备

（1）准备一张甜蜜的情侣和一张吵架的情侣的图片。

（2）设计一张表格，用于填写爱一个人和不爱一个人的表现。表格可参见资源 74。

2. 语言准备

教师以爱一个人和不爱一个人的表现为例，带领学生练习表达式"即使/哪怕/就是……，也……"。例如：

教　师：很爱一个人，会有什么表现？

学生$_1$：很爱一个人，即使他什么都没有，也没关系。

学生$_2$：很爱一个人，哪怕她不爱我，我也仍然喜欢她。

学生$_3$：很爱一个人，就是再忙，我也要每天去看她。

……

教　师：那如果不爱一个人，会有什么表现？

学生$_4$：不爱一个人，即使他每天给我送花，我也不喜欢他。

学生$_5$：不爱一个人，哪怕他再有钱，我也不爱他。

学生$_6$：不爱一个人，就是她很漂亮，我也不喜欢。

……

🏵 活动步骤

1. 教师将学生分组，两到三人一组，给每组发一张表格。
2. 小组几人用目标表达式讨论爱一个人的表现和不爱一个人的表现，并填写进表格中。
3. 教师请各组学生选派一个代表，汇报一下本组的讨论结果。
4. 学生汇报时，教师注意记录学生的错句。等学生汇报完毕，带领学生一起改正错误，并说出正确的句子。

附录　语法、活动、资源表

语法类别	语法点名称
名　词	方位词
	时间词语（时点）
代　词	人称代词
	指示代词
	疑问代词（怎么——问原因）
	疑问代词（怎么——问方式）
	疑问代词（怎么样/怎样——问性状、征求意见）
	疑问代词（几、多少）
	疑问代词（所有疑问代词）
	疑问代词（表任指）
动　词	能愿动词（能、可以——表具备某种主观能力、客观条件）

附录 语法、活动、资源表

活动	页码	资源
001 游戏：手机在哪里	1	
002 游戏：排座次	3	
003 调查：你是哪年出生的	6	资源1：你是哪年出生的
004 调查：你是什么星座	7	资源2：你是什么星座
005 调查：今年的传统节日	8	资源3：今年的传统节日
006 猜谜：不是"你"是"他"	12	
007 采访：你的国家在哪里	14	
008 对抗赛：初来乍到新鲜事	17	
009 问答：周末一日游	20	
010 调查：班级集体旅行	22	资源4：班级集体旅行
011 讨论：送什么礼物好	24	资源5：送什么礼物好
012 调查：班级通讯录	28	资源6：班级通讯录
013 问答：购物达人	29	
014 调查：婚礼	31	资源7：婚礼
015 对抗赛：看大片	32	
016 讨论：截然相反的人	36	资源8：截然相反的人
017 调查：微信和支付宝的功能差异	39	资源9：微信和支付宝的功能差异
018 接龙游戏：物尽其用	40	
019 辩论：人生大计	42	
020 调查：你能吃多少	44	资源10：你能吃多少

253

语法类别	语法点名称
动词	能愿动词（能、可以——表许可）
	能愿动词（应该、应当、应、该）
	能愿动词（得 děi）
	能愿动词（会——表技能）
	能愿动词（想、要——表意愿）
	动词重叠
形容词	形容词做谓语
	形容词做状语

(续表)

活　动	页　码	资　源
021 讨论：文明公约	47	资源 11：文明公约
022 讨论：垃圾分类	49	资源 12：垃圾分类
023 讨论：父母与子女的义务	51	资源 13：父母与子女的义务
024 讨论：好老板和好员工	53	资源 14：好老板和好员工
025 辩论：男人的负担重，还是女人的负担重	55	
026 调查：辛苦的工作	57	资源 15：辛苦的工作
027 讨论：人到中年	58	
028 角色扮演：社团招新	60	
029 问答：学本领	62	资源 16：学本领
030 调查：必修课和选修课	64	资源 17：必修课和选修课
031 采访：各奔前程	66	资源 18：各奔前程
032 讨论：大卫的女朋友生气了	70	
033 讨论：一堆麻烦事	71	资源 19：一堆麻烦事
034 对歌：《幸福拍手歌》	72	资源 20：《幸福拍手歌》
035 讨论：策划班级活动	74	资源 21：策划班级活动
036 讨论：推荐饭馆和特色菜	77	资源 22：推荐饭馆和特色菜
037 讨论：食品大采购	78	资源 23：食品大采购
038 抢答赛：健康的生活方式	80	资源 24：健康的生活方式

语法类别	语法点名称
形容词	形容词重叠
数词和量词	概数
	名量词
	名量词重叠
	动量词
副 词	时间副词（"就"和"才"）
	频率副词
	范围副词（都）
	有点儿、一点儿
介 词	介词（表处所、方向）
	介词（除了）
助 词	结构助词"的"（"的"字短语）

附录 语法、活动、资源表

(续表)

活动	页码	资源
039 采访：你最喜爱的女演员	83	资源25：你最喜爱的女演员
040 讨论：大扫除	84	资源26：大扫除
041 对抗赛：春季里开花	87	
042 调查：航班时刻信息	88	资源27：航班时刻信息
043 角色扮演：行李清单	91	资源28：行李清单
044 讨论：盛大的节日	93	资源29：盛大的节日
045 讨论：学期活动计划	96	资源30：学期活动计划
046 调查：各国大学作息时间	99	资源31：各国大学作息时间
047 讨论：旅行交通工具大比拼	101	资源32：旅行交通工具大比拼
048 调查：健身达人	103	资源33：健身达人
049 调查：放假归来	105	资源34：放假归来
050 角色扮演：租房	109	
051 调查：我给市长提建议	110	
052 角色扮演：问路	113	
053 调查：个人喜好	116	资源35：个人喜好
054 调查：旅游经历	118	资源36：旅游经历
055 讨论：网购衬衫	120	资源37：网购衬衫
056 调查：手机参数调查	122	资源38：手机参数调查

语法类别	语法点名称
助 词	动态助词"着"(表持续)
	语气助词"了"(表变化)
	动态助词"了"
	动态助词(过)
补 语	结果补语
	可能补语
	情态补语
	程度补语
	趋向补语

（续表）

活 动	页 码	资 源
057 角色扮演：寻人启事	124	
058 讨论：客厅样板间	127	
059 讨论：毕业前夕	128	资源39：毕业前夕
060 抢答游戏：今昔对比	131	
061 调查：季节变化	132	资源40：季节变化
062 调查：你是月光族吗	135	资源41：你是月光族吗
063 调查：旅途中	136	资源42：旅途中
064 游戏：囊中探物	138	
065 调查：最耐用的手机	139	资源43：最耐用的手机
066 调查：最火的电子游戏	141	资源44：最火的电子游戏
067 调查：名人传	144	资源45：名人传
068 角色扮演：长途旅行前	148	资源46：长途旅行前
069 角色扮演：失窃现场	149	资源47：失窃现场
070 讨论：人老了	151	资源48：人老了
071 新闻采访：台风天	153	资源49：台风天
072 讨论：情感世界	155	资源50：情感世界
073 讨论：行行出状元	157	资源51：行行出状元
074 讨论：城市印象	159	资源52：城市印象
075 抢答赛：闯关勇士	162	
076 角色扮演：学唱京剧	163	

语法类别	语法点名称
特殊句式	主谓谓语句
	存现句
	"把"字句
	"被"字句
	连动句
	兼语句
	"是……的"句
	"连……也/都……"句
	"一……也/都……"句
	比较句
	感叹句

附录 语法、活动、资源表

(续表)

活　动	页　码	资　源
077 角色扮演：看急诊	166	
078 游戏：拼地图	169	
079 游戏：水里有什么	170	
080 调查：旅游宣传广告	172	
081 调查：参观名人故居	173	资源 53：参观名人故居
082 角色扮演：花车巡游	175	
083 游戏：传递物品	178	
084 角色扮演：搬家	179	
085 角色扮演：钟点工	180	资源 54：钟点工
086 角色扮演：繁忙的警察	182	资源 55：繁忙的警察
087 新闻播报：大灾难	184	
088 讨论：电子地图显神通	186	
089 讨论：生日派对	189	资源 56：生日派对
090 调查：看电影	191	资源 57：看电影
091 游戏：拍卖	193	
092 讨论：今非昔比	196	资源 58：今非昔比
093 讨论：病愈前后	197	资源 59：病愈前后
094 讨论：严格的要求	199	资源 60：严格的要求
095 讨论：旅游路线	202	资源 61：旅游路线
096 讨论：网络购物	204	资源 62：网络购物
097 讨论：谁不说我家乡好	207	

语法类别	语法点名称
特殊句式	祈使句
复句	并列复句
	承接复句
	递进复句
	选择复句
	因果复句
	转折复句
	条件复句
	假设复句
	目的复句
	让步复句

附录 语法、活动、资源表

(续表)

	活 动	页 码	资 源
	098 角色扮演：请遵医嘱	210	
	099 角色扮演：机场送别	211	资源63：机场送别
	100 采访：你幸福吗	215	资源64：你幸福吗
	101 调查：一心二用	216	资源65：一心二用
	102 接龙：不是我，而是风	218	
	103 演示说明：教做拿手菜	220	
	104 角色扮演：新生入学报到	222	
	105 调查：大家的才艺	224	资源66：大家的才艺
	106 角色扮演：点菜	228	资源67：点菜
	107 角色扮演：看电影	229	资源68：看电影
	108 抢答赛：什么因，什么果	232	
	109 讨论：人生不如意者十之八九	234	资源69：人生不如意者十之八九
	110 讨论：矛盾的人生	236	资源70：矛盾的人生
	111 抢答赛：小感冒和重感冒	239	
	112 调查：入睡难易	241	资源71：入睡难易
	113 角色扮演：延迟满足	242	资源72：延迟满足
	114 讨论：坚守岗位	244	资源73：坚守岗位
	115 抢答赛：如果真爱	246	
	116 抢答赛：幸福人生	248	
	117 讨论：爱与不爱	250	资源74：爱与不爱

263